D1857357

Über dieses Buch Jahr für Jahr führen die Evangelische und die Katholische Kirche in Deutschland mehr als zwei Millionen sogenannte kirchliche Amtshandlungen durch: Taufen, Kommunionen/Firmungen, Konfirmationen, Trauungen und Trauerfeiern. Rund 50 Millionen Deutsche nehmen jährlich an solchen Amtshandlungen teil. Statistisch gesehen kommt jeder Deutsche einmal im Jahr bei einem solchen Anlaß mit der Kirche in Berührung. Dabei begegnen Vertreter der Kirche immer wieder Mitgliedern, die jahrelang keine Kirche von innen gesehen haben. Die Theologin Helga Frisch und der Publizist Manfred Kötterheinrich beschäftigen sich in ihrem Buch mit interessanten Aspekten des Phänomens »Volkskirche ohne Kirchenvolk«.
Der Widerspruch zwischen Schein und Sein wird in zwei öffentlichkeitswirksamen Bereichen kirchlichen Handelns aufgezeigt, nicht nur bei den »Serviceleistungen« der Amtshandlungen, sondern auch an den kirchlichen Äußerungen in Presse, Rundfunk und Fernsehen (»Wort zum Sonntag« usw.). Nach fallbezogenen Einzeluntersuchungen halten die Autoren der äußerlichen, zum großen Teil inhaltslosen Geschäftigkeit der Kirche – bei gleichzeitig fortschreitendem Mitgliederschwund – ihre Vorstellung von einer menschenfreundlichen Theologie entgegen.

Die Autoren Helga Frisch, Dr. phil., Theologin in Berlin, ist Autorin mehrerer Bücher (»Tagebuch einer Pastorin«, »Ehe? – Eine Pastorin plädiert für neue Formen der Partnerschaft«), die heftige Diskussionen in der Öffentlichkeit ausgelöst haben. – Manfred Kötterheinrich ist Publizist und Jurist, hat spezielle Erfahrungen im Medienbereich und verfolgt kritisch die kirchliche Öffentlichkeitsarbeit.

Helga Frisch/
Manfred Kötterheinrich

Volkskirche ohne Kirchenvolk

Wie bedient die Kirche ihre »Kunden«?

Fischer
Taschenbuch
Verlag

Originalausgabe
Veröffentlicht in der Fischer Taschenbuch Verlag GmbH,
Frankfurt am Main, Dezember 1986
© 1986 by Fischer Taschenbuch Verlag GmbH,
Frankfurt am Main
Umschlaggestaltung: Jan Buchholz/Reni Hinsch
Druck und Bindung: Clausen & Bosse, Leck
Printed in Germany
980-ISBN-3-596-26558-4

Inhalt

Vorwort
»Von der Wiege bis zur Bahre« –
lauter verpaßte Chancen? 7

1. Geistliche Zusatzversicherung für das Kind –
Taufe zwischen Glaube und Aberglauben 13

2. Den Engelchen gleich –
Kommunion am »Weißen Sonntag« 37

3. Mit 14 Jahren ein mündiger Christ –
Konfirmation als Aussegnung 49

4. »Bis daß der Tod euch scheidet« –
immer weniger Paare vor dem Traualtar 69

5. Kirche im Briefkasten –
Gemeindeblätter für den Papierkorb? 79

6. Unter Ausschluß der Öffentlichkeit –
Kirchenzeitungen für Insider 97

7. Fünf Minuten Gott –
Verkündigungssendungen in Hörfunk und Fernsehen 107

8. »Wenn ich einmal soll scheiden« –
kirchlich unter die Erde 116

Nachwort
Für eine menschenfreundliche Theologie 133

Vorwort
»Von der Wiege bis zur Bahre« – lauter verpaßte Chancen?

Jahr für Jahr finden in deutschen Landen mehr als eine Million sogenannte kirchliche Amtshandlungen (Taufen, Trauungen, Konfirmationen und kirchliche Trauerfeiern) im Bereich der evangelischen Kirche statt. In der katholischen Kirche gibt es einschließlich Erstkommunionen etwa ebenso viele kirchliche Handlungen aus familiären Gründen. Ungefähr 50 Millionen Deutsche lassen sich als Teilnehmer an solchen Feiern errechnen, d. h. statistisch gesehen kommt jeder Deutsche einmal im Jahr bei einem volkskirchlichen Anlaß mit der Kirche in Berührung. Umgekehrt treffen Vertreter der Kirche dabei immer wieder auf ihre – meist kirchenfernen – Mitglieder, auf Menschen, die oft jahrelang »keine Kirche mehr von innen gesehen haben«.

Tag für Tag werden in die Morgenprogramme der deutschen Sender kurze Rundfunkandachten an zwei oder drei Stellen eingestreut, die die meisten Hörer bei der Morgentoilette, beim Frühstück oder auf der Fahrt zum Dienst nebenbei mitbekommen oder überhören. Zu vorgerückter Stunde am Samstag zwischen dem Hauptprogramm und dem Spätprogramm müht sich ein Pfarrer beim Fernseh-»Wort zum Sonntag« um die Aufmerksamkeit der Zuschauer, die aber diese willkommene Pause meist für andere dringendere Bedürfnisse nutzen oder den »schwarzen Mann« verwundert betrachten, weil sich da minutenlang auf der Mattscheibe so gar nichts abspielt. Kirchliche Gemeindeblätter werden in manchen Gemeinden in jeden Briefkasten geworfen und häufig dem Papierkorb anvertraut; die regionale Kirchenpresse findet nur eine sehr eingeschränkte Leserschaft.

Wie erleben bei all diesen punktuellen volkskirchlichen Gelegenheiten Menschen die Kirche? Was geschieht, wenn Menschen als mehr Außenstehende einem Kollegen, Nachbarn oder Vereinsgenossen bei einer Trauerfeier »das letzte Geleit geben« oder als Taufpaten oder Hochzeitsgäste eher beiläufig einmal wieder eine Kirche betreten? Und wie geht es den unmittelbar Betroffenen? Fühlen sie sich bei der Anmeldung einer Amtshandlung in der Gemeinde gut behandelt, haben sie beim Vorgespräch mit dem Pfarrer den Eindruck, daß er/sie sich für ihre familiäre Situation interessiert, werden sie in der Amtshandlung persönlich angesprochen und begegnen gleichzeitig einer glaubwürdigen christlichen Aussage? Werden Menschen durch das Erscheinungsbild von Kirche in den Medien aus der »Kirchenferne« wieder näher an die Kirche herangeführt? Oder empfinden sie »die Kirche« bei solchen Anlässen als altertümlich und überholt, belanglos/langweilig oder sogar peinlich und lächerlich?

»Die Kirche«: Wenn Menschen nur ganz selten mit Vertretern der Kirche Kontakt haben, gilt das Erlebte häufig als repräsentativ für Kirche überhaupt. Wir wissen, daß speziell die Einstellung der Menschen zur Kirche geprägt wird von ganz wenigen punktuellen persönlichen Erfahrungen. Dies gilt für die einfache Kirchenmitgliedschaft bzw. den Kirchenaustritt genauso wie für die durchschnittliche lockere Bindung der Menschen an »ihre« Kirche. Wenige schlechte Erfahrungen führen oft zur endgültigen Ablehnung der Kirche, wenige gute Erfahrungen dagegen bewegen noch längst niemanden zur Teilnahme am kirchlichen Leben.

Und wie geht es weiter mit einer Volkskirche ohne Kirchenvolk? Wenden immer mehr Menschen sich enttäuscht von einer Kirche ab, die – speziell in ihrer Amtshandlungs- und Medienpraxis – wenig mit ihrem eigenen Leben zu tun hat, in der nicht ihre Sprache gesprochen wird, in der nicht ihre Probleme oder Hoffnungen thematisiert werden? (Nach den Ergebnissen der letzten EKD-Umfrage hat die Zahl der austrittswilligen evangelischen Christen erheblich zugenommen, 11 % der Mitglieder sind fast oder ganz bestimmt entschlossen, demnächst aus der Kirche auszutreten, weitere 11 % haben schon öfter daran gedacht.) Soll umgekehrt die Kirche immer mehr zusammenschrumpfen auf eine »Kerngemeinde« mit Vereinscharakter, anziehend nur noch für einige Unentwegte mit dem »Hobby« Gott?

Noch gehört nach allgemeiner Auffassung die Kirche zum sogenannten *»Lebenszyklus«* des Menschen, d. h. sie gilt als zuständig für die ganz besonderen Einschnitte, Wendepunkte und Krisen im Leben des Menschen (Geburt, Religionsmündigkeit [Adoleszenz], Heirat, Tod), die von kirchlichen Ritualen begleitet werden. Ebenfalls nach gängiger Meinung hat aber die Kirche kaum noch etwas zu tun mit der persönlichen *Lebensgeschichte* des Menschen, d. h. mit der Art und Weise, in der der einzelne Mensch die jeweiligen lebenszyklischen Ereignisse biographisch verarbeitet, mit ihnen fertig wird oder auch scheitert und Hilfe sucht. In diesem persönlichen Bereich erwartet man von der Kirche nur sehr selten Rat und Hilfe – ausgenommen vielleicht die kirchlichen Beratungsstellen oder Bildungseinrichtungen. (So Matthes in seiner Interpretation der ersten EKD-Umfrage von 1974.)

Aber die Beteiligung der Kirche am »Lebenszyklus« der Menschen gilt nur noch so weit, wie der bisher gültige »Lebenszyklus« allgemein anerkannt wird. Tatsächlich aber wird dieser unangefochtene Lebenszyklus immer mehr in Frage gestellt, am stärksten in der Mitte des Lebens: »Sollen wir überhaupt noch heiraten – und wenn ja: kirchlich heiraten?« Im entkirchlichten Berlin »schreiten« nur noch 12 % der standesamtlich getrauten Paare zum »Traualtar«, im Bereich der Bundesrepublik waren es immerhin noch 45 von 100 Paaren.

»Sollen wir unser Kind taufen lassen oder soll es sich später einmal selbst entscheiden?« 1983 kamen in Berlin auf 5075 Taufen im Alter bis zu 14 Jahren schon rund 1700 Taufen im Alter ab 14 Jahren. Noch gibt es viele Konfirmandentaufen, während die Kindertaufe heute vor allem in den Großstädten abnimmt. Aber die Konfirmation ist heute lebenszyklisch überhaupt nicht mehr verankert wie früher, wo sie für die meisten rituelle Begleitung von Schulabschluß und Beginn der Berufsausbildung war. Heute fällt sie in eine Zeit des Umbruchs/Protests und einer frühen Pubertät. Chancen hat sie deshalb kaum noch, wenn sie sozusagen das religiöse Marschgepäck fürs Leben gebündelt vermitteln und den Nachwuchs für eine bewußte Kirchenmitgliedschaft rekrutieren will, weil diese Bemühung ja gerade in eine Phase der Ablösung des Jugendlichen von vorgegebenen Normen und Autoritäten fällt.

Auch für die Bestattung hat die Kirche keineswegs mehr ein Monopol. In Berlin werden bereits 15 bis 20 % aller Trauerfeiern von Rednern gehalten – häufig vorher Sänger bei Trauerfeiern –, manchmal werden sie vom Bestattungsinstitut zur Vereinfachung des Verfahrens empfohlen, manchmal waren die Verstorbenen aus der Kirche ausgetreten, manchmal aber erklärte die Familie ausdrücklich: »Unseren Gemeindepfarrer kennen wir, den möchten wir auf keinen Fall.« Wir können also

den Lebenszyklus nicht länger als »Stütze der Kirche« betrachten, dieser Lebenszyklus bröckelt immer mehr ab, die Zahl der Amtshandlungen läßt nach mit nachlassender Verbindlichkeit bisher verpflichtender gesellschaftlicher Ereignisse im familiären Bereich.
Und wie beurteilen Pfarrer einen »Dienst«, bei dem ihre Art von Verkündigung wenig Echo hervorruft? Wie sehen sie ihre Rolle bei der kirchlichen Amtshandlungspraxis, die oft einen großen Teil ihrer Tätigkeit ausmacht? Bei einer unveröffentlichten Pfarrerumfrage in Berlin – unter einem Drittel aller Pfarrer – bejahte zwar eine Mehrheit der Pfarrer die derzeitige Amtshandlungspraxis: »Amtshandlungen sind das Wesen der Volkskirche. Man kann nicht sagen, ich diene euch nicht. Sie haben ein Recht darauf, die bezahlen ja ihre Steuern.« Aber viele Pfarrer sehen gleichzeitig in den Amtshandlungen eine »Riesenbelastung« oder fühlen sich als »Zeremonienmeister« mißbraucht: »Der Pfarrer ist der, der auf den weltlichen Salat geistliche Tunke tut. Die Leute scheinen unbewußt einen Bedarf an dieser geistlichen Tunke zu haben – bei besonderen Hoch-Zeiten. Man scheint diesen geistlichen Weiheakt noch nicht entbehren zu können.« Amtshandlungen erscheinen Pfarrern auch als volksmissionarische Gelegenheiten, wo sie den Menschen dienen oder die besondere Autorität ihres geistlichen Amtes zur Geltung bringen können: »Da besteht die große Möglichkeit zur Volksmission, da habe ich sie alle vor mir sitzen und kann ihnen meine Meinung sagen.« Es bleibt aber meist bei punktuellen Kontakten des Pfarrers zu den betroffenen Menschen. 32 % der in Berlin befragten Pfarrer gaben an, Einladungen zu Familienfeiern anläßlich einer Amtshandlung anzunehmen, 68 % nehmen solche Einladungen nicht an, da »Verkündigungsgespräche« nicht möglich seien! Umgekehrt wünschen sich Menschen Pfarrer, die zu spontaner Anteilnahme fähig sind, hilfsbereit und verständnisvoll sind und »menschlich« mit ihnen umgehen, sie auch in den Alltag hinein begleiten. Wie tragfähig ist eine Theologie, die solche persönlich-menschlichen Kontakte eher verhindert als ermöglicht?
Mehr Fragen als Antworten. Die Autoren gehen ihnen nicht theoretisch-abstrakt, sondern praktisch-konkret nach, und zwar in jenen ausgewählten Bereichen, in denen Kirche noch am ehesten auch Randchristen erreicht: bei den sogenannten Amtshandlungen und in den Massenmedien, wobei Gemeindeblätter und Kirchengebietspresse diese Bezeichnungen womög-

lich gar nicht verdienen. Den insgesamt neun Einzeldarstellungen über Taufe, Kommunion/Firmung, Konfirmation, Trauung, Beerdigung; Gemeindeblatt, Kirchenzeitung, Rundfunk-Morgenandacht und »Wort zum Sonntag« im Fernsehen liegen jeweils neuere Untersuchungen zugrunde, die die Verfasser im Rahmen eines größeren Projekts entweder angeregt und begleitet oder selbst durchgeführt haben. Insbesondere zwei Seminarveranstaltungen des Evangelischen Bildungswerks Berlin im Jahre 1985, die eine zusammen mit dem Berliner Pastoralkolleg, die andere im Rahmen der Evangelischen Akademie Arnoldshain, trugen entscheidend dazu bei, wichtige Fragen zu stellen, thematisch-aspektreich und kritisch zu diskutieren und auch einige schlüssige Antworten zu finden. Beide Veranstaltungen sind dokumentiert und erscheinen in einem theologischen Fachverlag. Wir möchten in diesem Zusammenhang hier auch einigen Anregern, Kritikern und Mitarbeitern Dank sagen. Wir möchten sie allerdings nicht für Form und Inhalt gerade dieses Buches in Anspruch nehmen, das wir natürlich allein verantworten.
Wir bedanken uns namentlich bei: Lothar Beckmann, Christian Birkholz, Alfred Butenuth, Rüdiger Durth, Elisabeth Gülich, Matthias Klose, Hartmut Krebber, Karl-Heinrich Lütcke, Gonsalv Mainberger, Manfred Richter, Hans Erich Thomé und Berend Wellmann.
Die Autoren diskutieren und arbeiten seit Jahren miteinander. Wechselseitig ist die fachlich-berufliche Ausrichtung des einen dem anderen dabei interessant geworden, in der Verbindung von Theologie und Publizistik bzw. pfarramtlicher und journalistischer Tätigkeit sehen sie eine gewinnbringende Perspektive. Die Textentwürfe wurden zwar individuell erarbeitet, stellen jedoch in der Endfassung Ergebnisse gemeinsamer Arbeit dar und sollen dementsprechend auch gemeinsam verantwortet werden.
Wir haben uns bemüht, Kirche immer als evangelische und auch als katholische im Blickwinkel zu haben, vor allem hinsichtlich ihrer konkreten volkskirchlichen Erscheinungen. Es läßt sich aber nicht verkennen, daß die Autoren Protestanten sind und im Zweifel von dieser Position her argumentieren und Erfahrungswissen beisteuern. In der Tendenz sind die anstehenden Probleme jedoch nicht konfessionsbedingt und deshalb übertragbar.
Es handelt sich bei diesem Buch nicht um eine Streitschrift im

eigentlichen Sinne. Es geht uns nicht darum, zu verallgemeinern, zu fordern, zu mobilisieren – gewissermaßen aus einem Guß zum Kampf gegen die bestehende Kirche aufzufordern. Wir haben versucht, volkskirchliche Phänomene möglichst differenziert zu beschreiben und zu beurteilen. Allerdings stellen die konkreten Beispiele zu den verschiedenen Kapiteln die herrschende volkskirchliche Praxis manchmal eher pointiert und gelegentlich auch leicht karikierend dar. Es wäre nämlich nach unserer Auffassung niemandem damit gedient, die derzeitige Situation der Volkskirche zu verharmlosen und durch Schilderung der zweifellos auch vorhandenen positiven Beispiele von den vielen negativen Erfahrungen des Kirchenvolks abzulenken. Vielmehr möchten wir vorhandenes Problembewußtsein verschärfen, auch wenn sich dadurch manche provoziert fühlen mögen. Solches Pro-vozieren und Pro-testieren (= Zeugnis ablegen *für* etwas) erwächst aus der Überzeugung, daß Gott nicht länger für kirchliches »Insidertum« reserviert bleiben darf, daß Diskussionen hoffentlich zu einem Umdenken führen, wenn die Kirche ihrem eigentlichen Auftrag wieder gerecht werden, wenn ihre Botschaft »*allem* Volke widerfahren« soll.

Damit kein Zweifel aufkommt: Die Autoren bejahen die Volkskirche, wissen allerdings darum, daß es sie zumindest in Deutschland im eigentlichen Sinn dieses Wortes noch nie gegeben hat. Die dem Volk vom Staat verordnete und durch gesellschaftliche Konventionen überlieferte Kirche war alles andere als auf das Volk hin orientiert, *sie* darf ruhig abdanken. Zu ermuntern gilt es jene Tendenzen, die Volkskirche als Kirche *des* Volkes zu begreifen: nicht alltäglich, aber den Menschen und ihren Alltagsproblemen zugewandt; nicht abgehoben in einem eigenen »religiösen« Bereich oberhalb der Wirklichkeit, aber aufgeschlossen für die subjektive Religiosität und Frömmigkeit der Menschen; Gott fürchtend, aber furchtlos gegenüber den Halbgöttern in Staat und Gesellschaft, auch in der eigenen Kirche.

1. Geistliche Zusatzversicherung für das Kind – Taufe zwischen Glaube und Aberglauben

»Unsere Kirche ist gefährdet, weil das bloße ›Namens‹-Christentum in ihr überwiegt. Zwar gehört eine Mehrheit der Bevölkerung der Kirche als Mitglied an, aber ihr Glaube trägt keine Früchte. Wir leben offiziell in einem christlichen Land, wir haben so etwas wie eine Volkskirche, aber wo sind die praktizierenden Christen, die durch ihr Leben missionarisch tätig sind?«[1] Diese Klage stammt nicht etwa vom Vorsitzenden der Deutschen Bischofskonferenz anläßlich einer Neujahrsansprache in einem der letzten Jahre, sondern von einem besorgten Kirchenvater, Basilius, der im Jahre 370 n. Chr. Bischof im kappadozischen Cäsarea wurde. Schon zehn Jahre früher hatte er eine Schrift über das Gericht Gottes geschrieben, in dem der heillose Zustand einer innerlich zerrissenen Kirche geschildert wird, die eigentlich keine Kirche mehr ist, weil ihre Mitglieder nur ein sittliches Minimalprogramm erfüllen und keine ernsthafte Verpflichtung für ein Leben zu kirchlichen Bedingungen auf sich nehmen wollen.

Am meisten prangerte Basilius den sogenannten »Taufaufschub« an. Es hatte sich eingebürgert, daß »man« durch ein einfaches Aufnahmeritual »Katechumene« wurde – eine Vorform des Taufbewerbers ohne christliche Unterweisung, mit dem Recht auf formelle Zugehörigkeit zur christlichen Gemeinde. Die Taufe hatte sich nämlich im dritten und vierten nachchristlichen Jahrhundert zu einem so anstrengenden, aufwendigen und verzichtreichen Unternehmen entwickelt, daß nur noch wenige diesen Schritt wagten, weil er in seiner Konsequenz fast einem Mönchsgelübde gleichkam und eine außerordentlich strenge Bußpraxis nach sich zog, wenn der Getaufte die mühsam erworbene kultische Reinheit durch sein Verhalten aufs Spiel setzte.[2]

Taufe als letzte Hürde vor der Stufe der Heiligkeit? Ein Volk von nichtgetauften Christen im Wartestand, eine »Volkskirche« mit losem Kontakt zu einem lose etablierten Glauben? Eine Situation, die starke Ähnlichkeit hat mit der bundesdeutschen

Volkskirche. Sie unterscheidet sich allerdings dadurch von ihr, daß es damals eine Mehrheit von »Ungetauften« gab, während es heute eine Mehrheit von Getauften gibt, die im Säuglings- und Kleinkindalter sozusagen zu Mindestbedingungen in den Mitgliedsstatus hineingetauft werden. Es gibt und gab im Zusammenhang mit der Taufe alle Varianten von der Schwellenangst vor einer heilig – allzu heiligen Handlung bis zur Nivellierung der Taufe zu einer menschlich – allzu menschlichen Handlung, die auch als »religiöse Schluckimpfung« bezeichnet werden konnte (Augstein).

Schon im *vorchristlichen Judentum* gab es rituelle Bäder und Waschungen, die von Rabbinern zur religiösen Reinigung der Gläubigen inszeniert wurden. Ein bestimmtes Tauchbad ist ausdrücklich als »Taufe« bekanntgeworden: die Proselytentaufe, die beim Übertritt eines Heiden zum Judentum vollzogen wurde. Männer mußten dabei bis zur Hüfte ins Wasser steigen, während man ihnen einen Teil der Auslegung der Gebote nahebrachte. Frauen stand bei derselben Gelegenheit das Wasser bis zum Hals, während zwei Gelehrtenschüler sie aus gebührender Distanz vor der Tür »mit einem Teil der leichten und mit einem Teil der schweren Gebote« bekanntmachten.[3]

Die Essener als die bekannteste Taufsekte zur Zeit Jesu lebten in ordensähnlicher Gemeinschaft, sie führten täglich mehrere »Taufen« durch im wörtlichen Sinne eines »Untertauchens« unter reines Wasser – vor den Mahlzeiten und nach bestimmten körperlichen Vorgängen, z. B. Verdauung und Geschlechtsverkehr, die als »unrein« galten und die am Sabbat möglichst ganz zu unterbleiben hatten. Sie sollten sich als Heilige »absondern von dem Wohnsitz der frevelnden Menschen«. Dem Wasser wurde dabei eine nahezu magische Kraft zugeschrieben.[4]

Johannes der Täufer trat mit prophetischer Vollmacht auf und tat zum ersten Mal etwas, was es bis dahin nicht gab: *er taufte*. Taufbäder bestanden bis dahin im Eintauchen des Täuflings ins Tauchbad oder in eine reinigende Quelle, man taufte also sich selbst. Zur Taufe des Johannes gehörte als wesentliches Merkmal der Täufer. Er hielt flammende Bußreden, in denen er die religiöse Endzeit ankündigte und Menschen zur Einkehr und Umkehr aufrief. Die Taufwilligen stiegen in den Jordan und wurden dort von ihm getauft, vermutlich durch Übergießen mit Wasser.[5]

Erstaunlicherweise trieb es die Menschen in Scharen zu diesem Prediger in der Wüste. Niemand weiß, wie weit sie reuig und bußfertig kamen oder von einer unbestimmten Sehnsucht getrieben wurden; es bleibt auch offen, wie weit der Sinneswandel der Getauften reichte. Aber auf jeden Fall sprach wohl dieser vom Geist Gottes erfüllte Charismatiker erstmals auch die ungelehrten Volksschichten an. Diesen »Unreinen« und »Unwissenden« sprachen die jüdischen Schriftgelehrten die Kenntnis des Gesetzes ab, um sie dennoch zu belasten mit einer Fülle von religiösen Vorschriften und einer unüberschaubaren Opferpraxis. Die volkstümliche Predigt des Johannes enthielt nun eine scharfe Verurteilung derjenigen, die meinten, durch die Erfüllung religiöser Gesetze in den sicheren Besitz des Himmelreiches zu gelangen.[6] Jesus bekannte sich zu diesem seinem »Vorläufer«, indem er sich von ihm im Jordan taufen ließ. Daß sich dabei der Geist in Gestalt einer Taube sehen ließ, legitimiert gleichzeitig den Getauften und den Täufer.

Die urchristliche Taufe war wie die des Johannes ein einfacher Bekenntnisakt, der auch ganz spontan vollzogen werden konnte. Als zum Beispiel die Jünger Jesu am Pfingstfest vom Heiligen Geist ergriffen predigten, erlebte eine staunende Menge, daß Menschen unterschiedlichster Nationalität sie in ihrer eigenen Sprache verstehen konnten. Der Geist griff um sich wie ein Flächenbrand, und es wurden an diesem Tag 3000 Menschen getauft und in die Gemeinde aufgenommen. Ein Minister der Königin Kandaze aus dem Morgenland sagte nach einem Gespräch mit Philippus auf dem Rückweg nach Hause: »Sieh, da ist Wasser, warum sollte ich mich nicht taufen lassen?« (Apg. 8, 26ff.). Das Neue Testament enthält weder Berichte über Eintrittsbedingungen der Gemeinde noch Darstellungen von Aufnahmeriten.[7] »Der Taufe kam keine besondere Bedeutung zu im Vergleich zu anderen wichtigen Elementen des Gemeindelebens«.[8]

Wenig mehr als 100 Jahre später ist aus einer einfachen Zeichenhandlung ein aufwendiger Aufnahmeritus geworden, hochstilisiert und überbewertet als schmale Pforte zur Kirchenmitgliedschaft, eingefügt in ein kompliziertes System der Auswahl und jahrelangen Belehrung von Taufbewerbern, in der Endphase schließlich mit einem ausgearbeiteten Ritual von mehr als 30 Teilen, das sich über mehrere Tage erstreckte.[9] Für das Volk Israel war Gott der Herr der Natur und der Geschichte, die Natur war weitgehend ent-dämonisiert. Der christliche Glaube hat sich aber – beschleunigt durch die Zerstörung Jerusalems und die Vertreibung der Juden aus Israel –

überwiegend im griechisch-hellenistischen Lebensraum ausgebreitet, und dort herrschte die Vorstellung, daß die Ungetauften von unreinen Geistern erfüllt seien, die durch die Taufe ausgetrieben werden müßten.[10] Der ungetaufte Mensch wurde als »Haus der Dämonen« betrachtet.[11] Aber nicht nur die Taufe sollte dazu dienen, daß der Teufel »im Wasserbad ertränkt wurde«[12], sondern schon vorher mußten ausführliche Schutz- und Abwehrmaßnahmen gegen die Dämonen ergriffen werden. Es gab eine ausführliche »Selbstreinigung« der Taufkandidaten und mehrere exorzistische Rituale zur Vertreibung fremder Geister in Verbindung mit Handauflegungen und einem zweitägigen Fasten am Freitag und Samstag vor der Taufe in der Osternacht.

Dieses Fasten galt als dämonenabweisende Handlung, als »die häufigste und weitestverbreitete exorzistische Verzichtleistung in der antiken Welt«.[13] »Die Dämonen sind Geister, haben aber Begierden nach Speise, Trank und Geschlechtsverkehr.« Deshalb brauchen sie die menschlichen Organe zur »Vollführung ihres Verlangens«. »Daher sind zur Vertreibung der Dämonen die geeignetsten Hilfsmittel Enthaltung, Fasten und Kasteiung.« Wenn die Dämonen nämlich zum Genuß in die Menschen eindringen, so ist es klar, daß sie durch die Entbehrung vertrieben werden.[14]

Am Tag vor der Taufe befahl der Bischof den Dämonen noch einmal unter Handauflegung, aus den Täuflingen zu entfliehen, hauchte den Täufling an, um sie zu vertreiben (Exsufflatio), und bezeichnete Stirn, Ohren und Nase mit einem Kreuz (Versiegelung) als »Schutzzeichen« gegen das Wiedereindringen des Teufels in den gereinigten Taufkandidaten. Die Nacht vor der Taufe verbrachten die Täuflinge wachend und mit Gebeten und Lesungen – Wachen galt als Steigerung des Fastens[15] –, ehe dann früh »zur Zeit des Hahnenschreis« die Taufe im Freien an einem fließenden »reinen« Gewässer stattfand. Die Täuflinge mußten sich entkleiden – Symbol ihrer »Nacktheit« vor Gott und eines wiedergewonnenen paradiesischen Zustandes –, vor und nach der Taufe wurden sie am ganzen Körper mit Öl gesalbt, nachdem sie noch einmal ausdrücklich ihre »Absage an den Teufel« bekräftigt hatten. Der Täufling wird vom Teufel und den Dämonen befreit, er sagt ihnen ab und wird durch die Ölsalbung, die sich wie ein Schutzfilm um seinen Körper legt, vor ihnen gesichert. In der Antike hatte das Öl machtverleihende (Königssalbung!) und auch geistverleihende Wirkung.[16]

Die Ölsalbung bei der Taufe ist auch von antiken Badesitten beeinflußt, denn bei einem Bad im kühlen Wasser bediente man sich zum Schutz vor Erkältung dieses einfachsten und alltäglichsten Mittels: Man salbte den ganzen Körper mit (wasserabstoßendem) Öl. Aus einer praktischen Notwendigkeit wurde ein zeichenhafter, religiös überhöhter Ritus.[17]
Um neue Gefahren von der heiligen Handlung fernzuhalten, wurden dann die entkleideten Frauen von »Witwen, Jungfrauen oder Diakonissen« ans Taufbad geleitet. Die vor Gott und den Menschen nackten Männer gingen mit Diakonen ins Wasser. Der Priester stellte die Tauffrage(n), dann wurden sie vom Presbyter getauft. Nach einer zweiten Ölsalbung zogen sich die Täuflinge wieder an, die Tauffeier fand dann in der Kirche statt, mit Handauflegung des Bischofs, mit Ölsalbung, »Siegel«, mit Kreuzeszeichen auf der Stirn, Kuß des Bischofs, gemeinsamem Gebet und Friedenskuß der Gemeindemitglieder.
Nach diesem Abschluß der Tauffeier in der Kirche folgte unmittelbar die sogenannte Taufeucharistie, das erste Abendmahl der Getauften. Dabei wurden nicht nur Brot und Wein ausgeteilt, sondern vorher auch Wasser, Milch und Honig. Das Wasser war Zeichen für das Taufwasser, Milch und Honig symbolisierten die Neugeburt (Nahrung der Säuglinge) und das verheißene Land (in dem »Milch und Honig fließt«). Der dreifache Schluck aus den drei Kelchen mit Wasser, Milch und Wein erfolgte außerdem im Namen des dreieinigen Gottes.[18]
Taufe, Salbung (später »Firmung«) und Abendmahl bildeten also eine Einheit, eine Art Gesamtsakrament. Die Fülle der materiellen Zeichen entsprach der antiken Vorstellung, daß alles Geistige an bestimmte Stoffe gebunden sei. Für den römischen Kirchenvater Tertullian gehen die fleischlichen Dinge den geistigen Dingen als Zeichen (figurae) voraus.[19] Eine innere Wirkung kann also durch eine äußere Handlung herbeigeführt werden, gemäß dem antiken Ähnlichkeitsdenken; ähnlich ist z. B. bei der Taufe: »daß wir mit Wasser abgewaschen werden sollen, nachdem wir nun statt mit Schmutz mit Sünden besudelt sind«.[20] Man steigt in das Taufwasser hinab, »strotzend von Sünden und Schmutz; dann aber steigt man herauf... im Herzen die Furcht (Gottes) und im Pneuma die Hoffnung auf Jesus tragend«, heißt es schon zu Beginn des 2. Jahrhunderts (Barnabas).
Die Bindung des Glaubens an eine solche »Verstofflichung« hatte eine immer stärkere Herrschaft dieser Stoffe zur Folge.

Wenn man der Wirkung der materiellen Zeichen sicher sein wollte, mußten sie möglichst oft wiederholt werden, daher die vielen exorzistischen Riten, Handauflegungen, Ölsalbungen, »Versiegelungen«. Aus einer Zeichenhandlung war eine Art Beschwörungszeremonie geworden, aus einem Glaubensakt ein quantitatives religiöses Leistungssystem, das nicht Gewißheit mit sich brachte, sondern eher in den Sog neuer Ungewißheit und Dämonenfurcht führte. Ursprünglich galten die bei der Taufe und beim Abendmahl verwendeten Elemente Wasser, Öl, Brot und Wein als Zeichen der Reinheit und Heiligung. Bald aber begann man, auch daraus die »unreinen« Geister vor der Verwendung rituell zu vertreiben.
Für Tertullian war es ganz selbstverständlich, daß das Wasser ein dämonenbergendes Element sei: »... liegen nicht ohne irgendein Sakrament die unreinen Geister über den Wassern... bei den schattigen Quellen und den entlegenen Bächen... den Kanälen in den Häusern oder Zisternen und Brunnen, von denen man sagt, daß sie hinabreißen?«[21] So entstand in Rom die »Wasserweihe« als umfangreiches eigenes Ritual vor der Taufe, »das sich im innersten Kern breitmacht und diesen rücksichtslos zerreißt«.[22] Parallel dazu entwickelten sich eine ausführliche »Ölweihe« und die »Wandlung« der Abendmahlselemente durch den Priester, Handlungen, die in vielfacher Hinsicht an heidnische Mysterienkulte erinnerten. Schon Ende des 2. Jahrhunderts wurden Taufe und Firmung dann auch folgerichtig als mysterion (griechisch) und sacramentum (römisch) bezeichnet, d. h. mit Begriffen, die aus dem Bereich heidnischer Mysterienbräuche stammten. Tertullian verwies sogar ganz unbefangen auf solche Wasser-Riten von Wassergottheiten, um die Würde des Wassers beim Taufakt herauszuarbeiten! Die ursprüngliche christliche Zeichenhandlung wurde also »unterwandert« durch heidnisch-magische Elemente, die biblische Vorstellung der Einheit von Leib und Seele verkehrte sich in einen Dualismus von Leib und Seele, von »rein« und »unrein«. Nicht mehr die Taufe war der Akt der Befreiung, sondern durch ein kompliziertes Zulassungssystem sollte jedes Risiko ausgeschlossen werden, daß »der Teufel mit dem Täufling ins Taufbad hinabsteigt«.[23] Die bei der Taufe endlich erreichte kultische Reinheit konnte anschließend nur bewahrt werden, wenn alle Verstöße durch eine rigorose Bußpraxis geahndet wurden. Ein Büßender mußte z. B. drei Jahre weinend vor der Kirchentür stehen bleiben, in den nächsten drei Jahren mußte er den Gottesdienst vor

dem Gebet verlassen, in den nächsten drei Jahren nach »tränenreicher Buße« den »Platz der Knieenden« einnehmen usw.[24]

Daß eine außerordentlich anstrengende Taufpraxis in Verbindung mit einem darauf folgenden Leben unter ständigen Bußandrohungen zu dem anfangs geschilderten »Taufaufschub« führte, kann deshalb nicht überraschen. War doch die gegenüber dem Himmel absichernde Kirchenmitgliedschaft auch einfacher zu haben durch den Status des Katechumenen, der zu nichts verpflichtete und doch die Anwartschaft auf göttliches Wohlwollen aufrechterhielt. Die Taufe als erster Schritt auf der Stufenleiter selbst erwirtschafteter Heiligkeit war eher für den Ausnahmefall als für die Regel zugeschnitten.

Daß sie dennoch zu herabgesetzten Preisen (Bedingungen) zum Eingangsritus für die Kirchenzugehörigkeit wurde, lag daran, daß die bis dahin schon praktizierte Kindertaufe plötzlich mit theologischer Bedeutungsschwere aufgeladen und zum heilsnotwendigen Schritt erklärt wurde. Kein Geringerer als der nordafrikanische Bischof und Kirchenvater Augustin verstand die Taufe vordringlich als ein »Abwaschen der Erbsünde« beim Neugeborenen. Er erklärte die ungetauft verstorbenen Kinder für verloren und konnte sich auch die Erlösung des Schächers am Kreuz nur durch die Annahme einer vorangegangenen Taufe vorstellen! Das afrikanische Konzil von 418 verdammte die Bestreiter der Kindertaufe rundum, die exklusive Geltung der Säuglingstaufe wurde kirchenrechtlich installiert.[25]

So setzte sich die vorweggenommene Taufe gegenüber dem »Taufaufschub« durch, eine Form der passiven Kirchenmitgliedschaft siegte über die andere. Wo das ganze Volk in die Kirche hineingetauft wurde, dominierte das »Namens«-Christentum genau so wie dort, wo sich das ganze Volk vor der Taufe mit allen Konsequenzen scheute.

Schon in einem sehr frühen Stadium der Kirchengeschichte entwickelten sich also die Gefahren einer »volkskirchlichen« Situation durch starke Diskrepanzen zwischen Kirche und Volk. Eine lebensferne, asketische und den Menschen überfordernde Insider-Kirche auf der einen Seite findet ihre Entsprechung in einem distanziert-gleichgültigen Kirchenvolk auf der anderen Seite, das eine solche Kirche nur im Hintergrund und nur für »Notfälle« braucht und ihr kaum eine Bedeutung zuschreibt für die Bewältigung konkreter Lebensprobleme. Diese Spannung wurde durch die Erhebung des christlichen Glaubens zur

Staatsreligion noch verstärkt. Die durch die Taufe erworbene Kirchenmitgliedschaft wurde nämlich zur Voraussetzung für den begehrten Status des Reichsangehörigen mit allen öffentlichen Rechten.[26]

Augustin hat diese unheilige Verbindung von Reichsrecht und Sakrament sogar noch theologisch überhöht und öffentliche Zwangsgewalt gegen Andersdenkende empfohlen, so daß bei abweichenden Tauflehren reichsrechtliche Sanktionen erfolgen konnten! »Die Kirche verfolgt aus Liebe die Gottlosen mit Grausamkeit.«[27] Da nur die Zugehörigkeit zur Kirche durch die Sakramente die volle Bürgerschaft im christlichen Reich ermöglichte, drängten sich vor allem im Osten der Kirche heidnische »Barbaren« in Scharen zur Taufe, weil sie damit mühelos in den Reichsverband aufgenommen werden konnten. Sie erlebten die Taufe als eine segensreiche Handlung, weil sie damit an den Segnungen der Reichskultur teilhaben konnten.[28]

Umgekehrt taten Kaiser und Kirche alles, um Menschen in den Schoß der Kirche zu führen. Während Kaiser Konstantin Sanktionen gegen Nicht-Christen noch ablehnte, wurde unter seinen Söhnen die Kultgesetzgebung verschärft. Unter Theodosius dem Großen wurden die Reste des Heidentums vollends entrechtet. Päpste und Orden förderten die Mission unter den Heiden. Bei den germanischen Stämmen kam es häufig zu Massentaufen, weil dort die neue Religion »ein korporativer Akt der Sippe, des Stammes oder des Volkes war«.[29] Der Frankenherrscher Karl, den man den Großen nannte, sah einen göttlichen Auftrag darin, ganze Völker bei Eroberungsfeldzügen im Dienste der Reichsvergrößerung per Zwangsmission und Massentaufe dem christlichen Glauben zuzuführen. Er hinterließ schließlich ein riesiges Christenreich, dessen Bürger im Schnellverfahren zu Anhängern des neuen Glaubens gemacht worden waren. Es kann kaum verwundern, daß die Taufe als eine stark magisch gefärbte Zeichenhandlung dadurch erst recht in den Bereich oberflächlicher Kirchenzugehörigkeit oder naiven Aberglaubens geriet.

Das ganz auf die Vertreibung der Dämonen ausgerichtete frühchristliche Taufritual blieb übrigens bis zur Reformation nahezu unverändert in Geltung. Als Karl der Große die Theologen seines Reiches nach der Tauftradition befragte,[30] ergab sich ein ähnlicher Taufablauf wie der, den noch Luther vorfand. Das Sakrament blieb die Lebensmitte mittelalterlicher Frömmigkeit (Jetter); Menschen, die weder lesen noch schreiben konnten, vertrauten auf die Wirksamkeit sakramentaler Zeichen, weil angesichts der Bedrohung des Lebens durch Seuchen, Kriege und »Tod im Kindbett« die Furcht vor Teufel und Dämonen, Hölle und Verdammnis nach wie vor eine große Rolle spielte.

Luther griff in der Frühzeit der Reformation das katholische Sakramentssystem mit dessen magischen Grundzügen frontal an. »Nicht mehr aus dem Handlungsvollzug, sondern einzig aus dem Glauben ist die Gewißheit der Zeichenwirksamkeit zu erlangen.«[31] Für ihn war das Sakrament keine eigenständige religiöse Ausdrucksform mehr, Taufhandlung und Taufwasser waren nur noch begleitende Zeichen für die Wortverkündigung, sie bewirken nicht das, was sie bezeichnen. Um 1520 fehlte nur noch ein Schritt bis zur Abschaffung aller Sakramente.[32]

Luther blieb dann allerdings nicht bei dieser reformatorischen Konsequenz, sondern als die Schwärmer – eine radikale Richtung unter den verschiedenen Erneuerungsbewegungen dieser Zeit – die Wiedertaufe für Erwachsene forderten und es in Frage stellten, ob überhaupt Wasser für die Taufe notwendig sei, antwortete Luther, daß die Taufe für Kinder genau so wirksam sei wie für Erwachsene und »nach Gottes Gebot als Wassertaufe eingesetzt«.[33]

Da er die Zeichengläubigkeit seiner Zeitgenossen kannte und selbst an die Realität von Teufel und Dämonen glaubte, enthielt sein »Taufbüchlein« von 1523 schließlich nur die leicht überarbeitete Übersetzung des geltenden katholischen Taufrituals aus dem Lateinischen. Es gibt darin noch mehrere »Teufelsaustreibungen«, damit der Täufling »ohne allen Gestank böser Lust sei«. Das »Salz der Weisheit«, die »Versiegelung« von Ohr und Nase mit Speichel, Ölsalbung und Anziehen des weißen Kleides gehören ebenso dazu wie ein ausführliches »Sintflutgebet« für das Taufwasser, damit »durch diese heilsame Sintflut an ihm (dem Täufling) ersaufe und untergehe alles, was ihm von Adam angeboren ist und er selbst dazu getan hat«. An diesem Dokument schien die Reformation spurlos vorübergegangen zu sein. Luther wurde deshalb von vielen reformatorischen Freunden massiv angegriffen und überarbeitete die erste Fassung. Das Taufbüchlein von 1526 enthielt dann eine stark gekürzte und vereinfachte Form, in der allerdings der Teufel immer noch ein häufiger Ansprechpartner war.[34]

Weniger bekannt ist, daß Luther bei der Begründung der Kindertaufe eine ganze Reihe von sozialen Problemen aufgriff und zu lösen versuchte. Die grobe Vernachlässigung der Kinder war das dringlichste Sozialproblem der Zeit. Die Verarmung breiter Bevölkerungsschichten durch die frühkapitalistische Wirtschaftsentwicklung, die hohe Bewertung des ehelosen Lebens durch die Kirche, die nicht verhindern konnte, daß eine große Zahl benachteiligter unehelicher Kinder geboren wurde, begünstigte die Geringschätzung elterlicher Aufgaben – vor allem bei Männern. Kinderelend und Bettelei sowie durchs Land ziehende Kinderhorden gehörten zum gesellschaftlichen Alltag. Demgegenüber war es für Luther eine zentrale Aufgabe zu lehren, daß Kinder »ein Wunderwerk Gottes« und »gleichwertige Glieder der Gemeinschaft« seien und daß schuldhafte Versäumnisse an Kindern eine Sünde vor Gott seien.[35]

Er versuchte abergläubische Bräuche und Ängste vor ewiger Verdammnis der Neugeborenen abzubauen, die zum Teil dazu geführt hatten, daß in der sogenannten »Taufe in partu« die noch nicht Geborenen an den bereits zum Vorschein gekommenen Körperteilen getauft wurden. Luther sorgte dafür, daß mehr und besser ausgebildete Hebammen zu »Seelsorgehelferinnen« bestellt wurden. Sie sollten die Eltern vor und nach der Geburt eines Kindes beraten und u. a. auch der Vorstellung entgegentreten, ungetaufte Kinder seien in der Gewalt des Teufels oder Wöchnerinnen im Kindbett seien besonders durch den Teufel gefährdet und müßten danach eigens »eingesegnet« werden.[35a]

Luther stärkte die Familie gegenüber dem ehelosen Leben, übertrug »Hausvater« und »Hausmutter« geistliche Aufgaben in der »Hausgemeinde«, deren Bedeutung für die reformatorische Kirche kaum überschätzt werden kann.[36] Die Reformatoren sahen auch den Unterricht für die heranwachsenden Kinder als Konsequenz des Taufbefehls an. Evangelische Kirchenordnungen eröffneten erstmals Kindern aller Schichten Zugang zur Schule, nachdem es vorher nur Kloster- und Bürgerschulen für Kinder des Adels und der reichen Bürger gegeben hatte. Es wurden sogar »Jungfrauenschulen« eingerichtet, um die Minderbewertung der Mädchen aufzuheben. Für die Finanzierung eines solchen Schulsystems wurde ein »gemeiner Kasten« eingerichtet für freiwillige Abgaben. Hier hatte der Glaube spürbare soziale Folgen, und die Opferbereitschaft evangelischer Christen bewirkte, daß die Taufe als göttliche Heilszuwendung auch verbesserte Lebenschancen mit sich brachte.[37] Auch die katholische Kirche befreite sich übrigens im Konzil zu Trient nach der Reformation von einigen »falschen Lehren« zur Taufe und deren magischem Mißverständnis. Insgesamt rückten die Sakramente nach der Reformation vor allem in der evangelischen Kirche mehr in den Hintergrund, die Auslegung »des Wortes« in der Predigt galt als vornehmste Aufgabe der Theologen.

In der wechselvollen Geschichte der Kirche und des christlichen Abendlandes war also auch die Taufe ständigen Wandlungen unterworfen. Sie war spontaner Bekenntnisakt in der urchristlichen Gemeinde, lange vorbereitete Entscheidung von großer Tragweite im Kampf zwischen heiligen und dämonischen Kräften in der frühen Kirche, religiöser Eingangsritus zum Erwerb der Reichsbürgerschaft, Kindertaufe als »Abwaschen der Erbsünde«, Zwangstaufe im Rahmen von Eroberungs- und Bekehrungsfeldzügen, Medikament gegen Sterblichkeit und Höllenangst, Instrument kirchlicher Herrschaft oder Segensakt mit sozialen Folgen, später Eintrittskarte in die bürgerliche Gesellschaft.

All diese geschichtlichen Ausprägungen der Taufe mit ihren Entwicklungen und Fehlentwicklungen, ihren Risiken und Chancen sind in die derzeitige volkskirchliche Praxis mit eingegangen. Im Verlauf der Jahrhunderte und Jahrtausende haben sich bestimmte Tendenzen durchgesetzt, die in mancher Hinsicht zur abgeschliffenen Minimalform einer religiösen Handlung geführt haben:

1. Die Taufe war und blieb Kindertaufe und verlor damit ihren Bekenntnischarakter im ursprünglichen Sinn dieses Wortes. Augustins Lehre, daß ungetauft gestorbene Kinder für immer verloren seien, prägte dabei die Volksmeinung nachhaltiger als Luthers Auffassung von der Geburt als einem Wunderwerk Gottes.[38]

2. Durch die Entwicklung des christlichen Glaubens zur Staatsreligion wurden Taufe und Kirchenzugehörigkeit schon früh der freien Entscheidung des einzelnen entzogen und sozusagen öffentlich verordnet. Die Taufe stellte nicht nur einen Zugang zur Kirche, sondern auch das Entree-Billett in die Gesellschaft dar und hatte einen leichten Zwangscharakter, weil für Lehrstellen die Konfirmationsbescheinigung (mit Taufe) und für den Staatsdienst die Taufurkunde Bedingung war.[39] Die Kirche war per Monopol am Ritual-Transfer beteiligt, zumindest solange es einen »Thron« gab, der das Bündnis von Thron und Altar absicherte.

3. Aberglaube und Dämonenfurcht blieben in der Taufe über die Jahrtausende hinweg mindestens genauso lebendig wie der Glaube an ein Segensangebot Gottes für die Neugeborenen. Da Luther selbst von der Realität des Satans ausging, konnte er in dieser Hinsicht das Taufritual nicht reformieren. Dies geschah erst durch Pietismus und Aufklärung und späte protestantische Agenden; im katholischen Taufritual findet sich bis heute die Frage nach der Absage an den Satan.
Die so geprägte Taufe bildet noch heute eine unwiderstehliche Mischung aus familiärem Ereignis, gesellschaftlicher Sitte, kirchlicher Segenshandlung und Weiheakt aus konfessioneller und nationaler Tradition. Noch ist sie eine der stabilsten Säulen der Volkskirche, denn nach wie vor wird eine beachtliche Mehrheit der Bundesdeutschen durch dieses christliche Sakrament zu – zahlenden – Mitgliedern der Kirche – so wie ein Wiedereintritt in die Kirche erst durch die Teilnahme am Sakrament des Abendmahls rechtsgültig wird!
1984 wurden im Raum der EKD (Evangelische Kirche in Deutschland) von 100 Kindern mit mindestens einem evangelischen Elternteil 68 im Alter bis zu 14 Jahren getauft (76 einschließlich Taufen in höherem Alter). Daß ca. drei Viertel aller Kinder evangelischer Eltern getauft werden, ist übrigens seit fast 20 Jahren unverändert; daß 12,4 % von ihnen erst nach dem 14. Lebensjahr getauft werden, stellt eine relativ neue Entwicklung dar und deutet darauf hin, daß die Aufnahme in die Kirche nicht mehr mit unreflektierter Selbstverständlichkeit vollzogen wird. Zwar läßt »man« immer noch die Kinder taufen, wenn aber 32 % der Kinder evangelischer Eltern (Vater/Mutter) nicht mehr kurz nach der Geburt getauft werden und in Großstädten wie Berlin dieser Anteil sogar schon über 50 % liegt, dann hat die Taufe den Bereich gesellschaftlicher Verbindlichkeit oder sogar Unerläßlichkeit verlassen, ohne daß sie deswegen schon in den Bereich persönlicher Beliebigkeit geraten wäre.
Bei einer Umfrage im Bereich der EKD äußerten die Mitglieder 1974 und 1984 nahezu unveränderte »Meinungen über die Bedeutung der Taufe«: »Das Kind wird in die Gemeinschaft der Gläubigen aufgenommen« (75 %); »Ein Kind wird getauft, weil es christlich erzogen werden soll« (74 %) und »Mit der Taufe wird ein Kind unter den Schutz Gottes gestellt« (66 %). Deutlich niedrigere Zustimmungsquoten zu den drei am häufigsten genannten religiös begründeten Bedeutungen der Taufe finden sich bei den 14 bis 24jährigen: Aufnahme in die Gemeinschaft

der Gläubigen (65%), christliche Erziehung (56%), Schutz Gottes (50%). Deutlich höher wird dagegen bloße Konvention eingeschätzt: 39% der Jüngeren sind der Auffassung: »Ein Kind wird getauft, weil die meisten es so machen« – gegenüber 29% aller Befragten.[40]

Bei dem, was zum »Evangelischen« unbedingt hinzugehört, stand zwar bei den befragten Protestanten die Taufe mit 85% an erster Stelle. Kurz darauf folgt aber mit 79%, »daß man sich bemüht, ein anständiger und zuverlässiger Mensch zu sein«. Dagegen gehört es nur für 26% zum Evangelischsein, »daß man zur Kirche geht«, bei 25%, »daß man in der Bibel liest«.[41] Taufe und Kirchenzugehörigkeit werden also mehr im Rahmen eines allgemeinen Sinn- und Wertzusammenhangs verstanden, nicht im Sinn einer praktizierten kirchlichen Bindung. »Offensichtlich gehört für die Evangelischen gerade das am wenigsten zum Evangelischsein, was einen ›Kirchen-Christen‹ ausmacht. Die überwiegende Mehrzahl jedenfalls kommt gut mit einem Minimum an Kirche aus.«[42]

Weniger gut kommt die organisierte Volkskirche mit einem Minimum des zahlenmäßig registrierten Kirchenvolkes aus. Es wurde und wird seit langem beklagt, daß die Taufe – wie andere kirchliche Amtshandlungen – nur als eine Art religiöse Dienstleistung betrachtet wird, als »sakraler Kundendienst« (R. Erler), den man bei der zuständigen Institution punktuell in Anspruch nimmt. Das Unbehagen an einer solchen noch dazu abbröckelnden Taufpraxis wurde seit der Bekennenden Kirche zur Zeit des Nationalsozialismus immer wieder artikuliert. K. Barth verlangte 1943 die bewußte Erwachsenentaufe, erstmals bezeichnete er deutlich die Kindertaufe als »zutiefst unordentliche halbe Taufe«, als »Wunde am Leib der Kirche«. R. Bohren forderte ebenfalls eine Änderung der Kasualpraxis, eine Belehrung der Gemeinde, zureichende Kenntnis der Glaubensinhalte als Bedingung für die Taufe.[43] Diese Debatte über die Taufe als »volksmissionarische Gelegenheit« wurde noch eine Weile fortgesetzt, ohne daß sie die volkskirchliche Praxis zu ändern vermocht hätte.

Gerade am Beispiel der Taufe zeigte und zeigt sich die Diskrepanz zwischen Volkskirche und Kirchenvolk. Eltern suchen bei der Taufe für ihr Kind Schutz und Bewahrung, Segen und Geborgenheit und erwarten von der Kirche so etwas wie »die sinnliche Inszenierung der Berührung des stattfindenden Lebens mit all seinen Hoffnungen und Daseinsängsten mit der bergenden und heilenden Welt Gottes«.[44] Im Rahmen der sogenannten »Leutereligion« erfreuen sich die religiösen Rituale einer hohen Wertschätzung. Die EKD-Umfrage von 1974 zeigte, daß für einen Großteil der Kirchenmitglieder (⅓–⅔) die Kasualhandlungen der primäre und positiv bewertete Bezug zur Kirche sind. Die Volkskirche ist sozusagen in erster Linie Kasualkirche. Die persönliche Religiosität der Menschen ist gebunden an die Präsenz der Kirche bei bestimmten Ereignissen im menschlichen Lebenszyklus, die Taufe steht dabei an erster Stelle.

Innerhalb der Kirche wird diese Art des kirchlichen Teilnehmerverhaltens meist als ambivalent, öfter als völlig unzureichend angesehen. Entsprechend gering werden die kirchlichen Amtshandlungen von vielen Pfarrern eingeschätzt. Sie fühlen sich bei solchen Gelegenheiten als »Zeremonienmeister« mißbraucht und verwenden für die Vorbereitung solcher Familienfeiern meist erheblich weniger Zeit als für die Vorbereitung der Predigt im Sonntagsgottesdienst. Die »Auswahlchristen«[45], die den Kontakt zur Volkskirche nur bei hervorgehobenen Anlässen suchen, sind für die Vertreter der Kirche keine »vollwertigen« Mitglieder, keine praktizierenden und bewußten Christen.

Umgekehrt ist für die zahlenden Mitglieder diese Kirche auch keine »vollwertige Kirche«, keine Adresse, an die man sich wenden könnte, keine Stelle, an der man ein neues Bewußtsein für die eigene Situation gewinnen könnte. »Nur ein Fünftel aller Evangelischen hat den Eindruck, in der Kirche ein offenes Ohr für individuelle Sorgen und Probleme zu finden.«[46] Die überwiegende Mehrzahl aller Noch-Mitglieder sucht zwar bei den Amtshandlungen religiöse Sinnbezüge, sieht aber in der Institution Kirche die Welt des Glaubens nicht einleuchtend und lebensnah vertreten. Für die betroffenen Menschen spielen die theologischen Fachdebatten über Kinder- und Erwachsenentaufe kaum eine Rolle. Wie weit die Volkskirche von ihren Mitgliedern bejaht und getragen wird, hängt ab von der entscheidenden Frage, in welche Kirche Menschen hineingetauft werden und wie eine Kirche aussehen müßte, in der sich die religiösen Hoffnungen der Menschen erfüllen und ihre subjektive Religiosität ernstgenommen würde.

Die Diskrepanz zwischen Kirche und Volk ist – wie wir gesehen haben – beinahe so alt wie die Kirche selbst. Nur in der urchristlichen Gemeinde bedeutete die Taufe Aufnahme in eine enge Glaubens- und Lebensgemeinschaft. Später war die Kirche dann strenge Bußeinrichtung, die die Menschen vor einer verbindlichen Mitgliedschaft durch die Taufe abschreckte. Noch gefährlicher war es, daß bestimmte Tauflehren dann mit Hilfe staatlicher Sanktionen durchgesetzt wurden, z. B. die Heilsnotwendigkeit der Kindertaufe oder bestimmte Zwangs- und Massentaufen. Die mittelalterliche Kirche war bei den Gläubigen mehr durch Höllenangst als durch seelsorgerliche Zuwendung präsent, und die erneuerte Kirche der Reformation entwickelte sich schon bald zur bürgerlichen Honoratiorenkirche, die für bestimmte Schichten wie z. B. die Arbeiterklasse des 19. Jahrhunderts von vornherein verschlossen blieb.

Es gab also in Deutschland niemals – oder nur sehr partiell – eine Volkskirche als »Kirche des Volkes«, als »Kirche für das Volk« – wie zum Beispiel in Polen oder auch bei den Hugenotten – mit einer Hinwendung zu all ihren Mitgliedern, auch und gerade den sozial Benachteiligten. Es kann deshalb nicht überraschen, daß eine Mehrzahl der Kirchenmitglieder sich von dieser Kirche innerlich abwandte, als die Kirche ihre gesellschaftliche Vorrangstellung und ihr geistliches Monopol verloren hatte. Nach Kierkegaard hatte sich die Kirche durch die Liaison von Glauben und gesellschaftlichen Vorteilen ohnehin »zu Tode gesiegt«.

Es gab also kaum ein überliefertes, ererbtes, gewachsenes Vertrauen der Menschen in »ihre« Kirche. Die Kirche blieb abgehoben vom größten Teil ihrer Mitglieder, den Mitgliedern blieben kirchliche Strukturen fremd. Wenn das Ritual eine Kommunikationsform ist, »mit der die ideellen Gehalte einer Kultur öffentlich werden« (so Herms 1977), dann macht zum Beispiel das Taufritual deutlich, daß über den christlichen Gehalt unserer Kultur große Unsicherheit herrscht.

Ein Ritual ist normalerweise dadurch ausgezeichnet, daß es von allen Teilnehmern mitvollzogen werden kann, daß es wiedererkennbar und wiederholbar ist, daß ein hervorgehobener Punkt des Lebens darin auf überlieferte und selbstverständliche Weise Sprache gewonnen hat. Ein solches Taufritual gibt es im Bereich der katholischen Kirche tatsächlich in einer den Mitgliedern bekannten und lange Zeit unverändert überlieferten Form. Im Bereich der evangelischen Kirche gibt es zwar bestimmte »Kernstücke«, die zur Tauffeier unabdingbar hinzugehören (Taufbefehl, Tauffrage, Taufspruch, Taufhandlung), aber die rituelle Anordnung variiert, weil in der »Kirche des Wortes« Lesungen und Gebete die einfache rituelle Handlung ausgeweitet haben.

Den meisten evangelischen Mitgliedern der Kirche ist die kirchliche Sprache generell fremd, sie können das Taufritual nicht mehr unmittelbar mitvollziehen oder nachvollziehen. Es bedarf der Erläuterung im vorangehenden Taufgespräch oder sogar bei der Tauffeier selbst. Eine linguistische Analyse kirchlicher Amtshandlungen[47] hat ergeben, daß Pfarrer immer häufiger nicht mehr einfach das Taufritual vollziehen, sondern gleichzeitig an verschiedenen Stellen »Regieanweisungen geben« (»Ich bitte jetzt die Eltern und Paten, Platz zu nehmen« usw.), um das Ritual zu kommentieren, zu ergänzen und zu erklären. Grundbegriffe der kirchlichen Handlung können nicht mehr einfach als bekannt vorausgesetzt werden, sondern sie werden im Verlauf der Tauffeier aufgegriffen und erläutert: »Es ist jetzt, meine Lieben, der Ort, wo das auf uns zukommt, was wir normalerweise die Taufansprache nennen.« »Und darum werden Sie nachher gefragt, ob Sie bereit sind, Ihr Kind taufen zu lassen...« Eines der wichtigsten Ergebnisse der linguistischen Untersuchung war, daß zunehmend während der Tauffeier die Funktion dieser kirchlichen Handlung erst herausgestellt und klargemacht wird. Zum Beispiel wird bei einer Taufe ziemlich ausführlich geschildert, was die Taufe nicht ist »und was manche aber meinen, was sie wäre«, also »ein letztes Stück Magie« oder »ein Stück guter alter religiöser Sitte, mit deren Hilfe man ein Stück abendländisches Image bestätigt« oder »ein Stück kirchlicher Notwendigkeit«. Dann die emphatische Feststellung: »Taufe ist nichts davon«, sondern... Und dann wird erst gesagt, was die Taufe sein soll. Hier wird deutlich, daß die Geschichte der Taufe ein Stück weit die Geschichte ihrer Mißverständnisse ist. Wo erst auf dem Weg der Erläuterung oder Abgrenzung das Verstehen des Rituals gesichert werden muß, wird jedoch andererseits das Ritual ständig durchbrochen, die Teilnehmer werden immer stärker in eine Zuhörer- und Zuschauerrolle versetzt. Der Pfarrer, der das Ritual erklärt, tritt dadurch aus dem Ritual heraus.
Aber auch dort, wo ein historisch geprägtes Ritual unreflektiert nachvollzogen wird, haben die Teilnehmer einer Tauffeier Schwierigkeiten, eine solche Handlung zu verstehen und mit ihrem heutigen Leben in Verbindung zu bringen. Ein Beispiel: »Liebe Eltern und Paten, ihr begehrt, daß dieses Kind getauft und durch die Heilige Taufe der Gewalt des Bösen entrissen und der Gemeinde Gottes eingeleibt werde... so bekennt nun anstatt dieses unmündigen Kindes mit der christlichen Kirche

den Glauben, sagt damit ab dem Teufel, all seinen Werken, all seinem Wesen.«

Evangelische Tauffeiern werden also nicht durch ein einheitliches Taufritual vollzogen, sondern dieses Ritual wird von Fall zu Fall durch Erläuterung des Inhalts und der einzelnen rituellen Teile erweitert und verändert. Dies gilt sogar für die eigentliche Tauffrage, die Frage nach der christlichen Erziehung: »Und nun frage ich euch: versprecht ihr – so gut wir Menschen etwas versprechen können – ...« Gut gemeinte »Verständnishilfen« tragen so auch zur »Auflösung« des Rituals bei, die ständige argumentative Auseinandersetzung mit einer überlieferten kirchlichen Handlung führt zu einem von Widersprüchen nicht freien »sowohl als auch«. Dies schlägt sich auch in vielen Taufansprachen nieder.

Eine ausführliche Untersuchung kirchlicher Amtshandlung durch eine Arbeitsgruppe von Theologen, Psychologen und Soziologen mit den Methoden einer Inhaltsanalyse hat am Beispiel der Taufe ergeben, daß Taufansprachen einen »allgemein leeren« Eindruck machen und einen »sakramental-dogmatischen Charakter haben«. Taufreden sind einerseits kürzer als Ansprachen bei Trauungen und Bestattungen, andererseits trotzdem am stärksten von nichtssagenden und allgemeinen Redewendungen bestimmt. Häufig finden sich Zitate aus der christlichen Tradition, vor allem aus kirchlichem Liedgut. Insgesamt überwiegt die »Heilsbeschwörung«.[48] Sprachlich wird dies noch dadurch unterstrichen, daß bei der Tauffrage eine umgangssprachlich so nicht mehr übliche Form gebraucht wird: »Wollt ihr, daß *dieses euer* Kind getauft wird?«, die einen ganz stark demonstrativen Charakter hat. Bei einem Drittel aller Ansprachen findet sich noch eine Haltung, die die Taufe benutzen will, um das Kind gegen Dämonen zu schützen(!). »Diese Predigtform trägt für den wachen Hörer notwendigerweise den Charakter einer ... Verdrängung.«[49]

Erstaunlicherweise aber sind Taufansprachen in der sogenannten »Anmutungsdimension« stärker »ernst« als »heiter« (65:35%); stärker »allgemein« als »fallbezogen« (85:15%); mehr »einfach« als »anspruchsvoll« (65:35%); überwiegend »belehrend« statt »solidarisch« (70:30%) und vor allem mehr »fromm« als »weltlich« (verständlich) (80:20%) und mehr »überholt« als »aktuell« (75:25%):[50] Eine Untersuchung von Taufen in Berlin 1985 führte in abgeschwächter Form zu ganz ähnlichen Ergebnissen. Eine Elternbefragung nach der Taufe

ergab jedoch, daß sich die Eltern auch dann von der Tauffeier »sehr angesprochen« fühlten, wenn sie im Taufgespräch den Eindruck gehabt hatten, der Pfarrer interessiere sich nicht für ihre persönliche Situation oder wenn die Ansprache mehr »allgemein« als »situationsbezogen«, mehr »formelhaft« als »persönlich« empfunden wurde.
Ein solches Urteil mag einerseits dadurch begründet sein, daß es bei den Teilnehmern solcher Feiern nur noch eine sehr eingeschränkte Erwartungshaltung gegenüber der Kirche gibt. Man erhofft eben tatsächlich nur noch eine Art äußere kirchliche Präsenz bei Ereignissen im Lebenszyklus des Menschen, nicht aber Hilfe oder Anteilnahme im Bereich des persönlich-familiären Lebens. Andererseits wirkt die Taufhandlung offenbar stärker im nonverbal-zeichenhaften Bereich als im Bereich verbaler Mitteilungen. Eine »abgehobene«, wenig verständliche Sprache mag dann sogar Ausdruck einer gewissen »Feierlichkeit« sein, die in den allgemeinen Erwartungshorizont der »Leutereligion« mit hineingehört. Denn dies vor allem setzt man dort mit Religion gleich: eine gewisse Feierlichkeit in Verbindung mit einer außeralltäglichen Sprache, Festlichkeit und Musik, bestimmte Handlungen von »Ritendienern« mit eigener Kleidung, den »Geruch« oder den optischen Gesamteindruck des Heiligen in bestimmten kirchlichen Räumen.[51]
Man hat fast den Eindruck, daß die Mitglieder der Kirche bei einer kirchlichen Handlung wie der Taufe ihre religiösen Bedürfnisse sozusagen auch an der Kirche vorbei zu befriedigen versuchen. Es liegt allerdings auf der Hand, wie gefährdet eine Taufpraxis und eine Kirchenzugehörigkeit sind, die nur noch durch vorrationale und punktuelle Begegnungen der Mitglieder mit ihrer Kirche begründet werden. Nach der ersten EKD-Umfrage von 1974 hatte Matthes deshalb mit Recht eine stärkere Betonung der Kasualkirche gefordert. Nur dann können Menschen an die Volkskirche wieder herangeführt werden, wenn ihnen dort bei einer kirchlichen Handlung wie der Taufe eine menschliche, verständliche und glaubwürdige Praxis begegnet, in der die historische Entwicklung bzw. Fehlentwicklung bewußt reflektiert und aufgegriffen wird. Wie könnte eine solche Taufpraxis aussehen?
Taufe kann heute nicht mehr in erster Linie sakramentales Handeln in dem Sinn sein, daß durch das Untertauchen im Wasser das Abwaschen der Sünden, Sterben des alten und die

Wiedergeburt des neuen Menschen symbolisiert – oder vielmehr nach antikem Verständnis – realisiert werden. Diese Form des Taufsakraments war zwar stärker gebunden an das bewußte Bekenntnis erwachsener Menschen, sie spielte aber auch noch eine große Rolle bei der Säuglingstaufe, die (nach Augustin) als »Abwaschen der Erbsünde« verstanden wurde. Dieser Glaube an die nahezu magische Wirksamkeit sakramentaler Elemente ist heute überholt. Zwar ist das Wasser bei der Taufe immer noch Symbol der Reinigung, Erneuerung und Lebenskraft. Aber das Sakrament tritt sozusagen stärker hinter der Kasualhandlung zurück.

Die Voraussetzung dafür, daß Vorgänge des menschlichen Lebens und Glaubens zu Zeichen werden, ist ihre Zuordnung zu einem übergeordneten Sinnzusammenhang. Wenn verschiedene Menschen auf einem langen und mühsamen Weg unterwegs sind, dann sieht der eine durch seinen Glauben an Gott in allen Hindernissen vorübergehende Prüfungen, die es zu überwinden gilt, ehe endlich das Ziel erreicht wird. Der andere sieht in allen Schwierigkeiten nur seine Auffassung bestätigt, daß er einem blinden Schicksal ausgeliefert ist, das niemand zu beeinflussen vermag. Religiöse Symbole leben von der Voraussetzung her, daß Gott existiert. Diese Überzeugung stellt für das religiöse Wissen einen uneingeschränkt gültigen Fundamentalsatz dar, auf den hin alle Lebensbereiche semiotisch (zeichenhaft) orientiert werden.[52] Von diesem Zentrum her können alle Einzelerscheinungen verstanden und gedeutet werden. »Der religiöse Mensch kann gar nicht anders, als in dem Stoff der Welt und in den Ereignissen seines Lebens Zeichen zu sehen und so die Profanität des Daseins (durchlässig)... werden zu lassen für das Heilige.«[53]

Aufnahmerituale wie die Taufe finden sich in allen Religionen und zu allen Zeiten, die einzelnen rituellen Elemente und Aktionsformen sind dabei relativ überschaubar, erstaunlich zählebig, wenig wandlungsfähig und starr.[54] Das katholische Taufritual mit seiner mehr allgemeinen Zeichensprache ist ein Beispiel dafür: der Täufling erhält das »Salz der Weisheit«, wird mit Öl gesalbt, sagt dem Satan ab (durch den Paten), wird mit Wasser getauft und erhält das weiße Kleid, das er »unbefleckt« zurückbringen soll. Daran ist kaum etwas spezifisch christlich, es könnte sich auch um ein anderes Aufnahmeritual handeln. Demgegenüber ist z. B. in den frühchristlichen Gemeinden für Christus eine Fülle von Bildern und Vergleichen gebraucht wor-

den, die aus den unterschiedlichsten Lebensbereichen stammen und die auch später noch ständig erweitert wurden. Hier läßt sich so etwas feststellen wie ein spielerischer gleichnishafter Umgang mit dem Material der Welt, aus dem immer neue Elemente ausgewählt wurden, um das Christuswissen zeichenhaft auszudrücken oder zu modifizieren. Verglichen mit dem sehr starren Formenrepertoire religiöser Rituale zeigt sich hier eine erheblich größere Vielseitigkeit und auch Flexibilität.[55]
Aus diesem Beispiel christlicher Bildersprache wird die Vermutung abgeleitet, daß jene spielerische Freiheit im Umgang mit Metaphern dazu beitragen könnte, die Probleme heutiger Ritualgestaltung zu verringern, indem das Ritual als eine Art »religiöse Bastelei« verstanden wird, »in dem auf durchaus vorläufige und unvollkommene aber sehr anschauliche Art die Wirklichkeit Gottes und der Menschen zusammengebracht wird.«[56]
Nun kann man allerdings im Bereich volkskirchlicher Amtshandlungen nicht davon ausgehen, daß etwa die Eltern, die ein Kind zur Taufe anmelden, von einem unanzweifelbaren religiösen Wissen geprägt sind und deshalb die Taufe als Zeichen ihres Glaubens vollziehen lassen. Sie erwarten vielmehr in dieser Hinsicht eher eine Art religiöse Wissensvermittlung, Ermutigung und Bestärkung durch die Kirche. Sie empfinden eine unbestimmte Sehnsucht nach Zugang zu einer religiösen Welt, die sie bisher vernachlässigt haben, die sie nun aber für wichtiger halten als vorher, da ihnen mit der Geburt ihres Kindes ein größeres Maß an Verantwortung zugewachsen ist. Bestimmte Vorgänge im menschlichen Leben sind sozusagen in besonderer Weise »religiös aufgeladen«, zu denen vor allem die Geburt gehört; mithin ist auch die Bereitschaft zu einer Begegnung mit der Kirche in einem solchen Augenblick überdurchschnittlich groß.
Deshalb ist ein ausführliches und persönliches Taufgespräch in dieser Situation besonders wichtig, möglichst in der familiären Wohnung oder jedenfalls in einer Atmosphäre, die den Angehörigen den Eindruck vermittelt, daß sie ihre Fragen und Hoffnungen, aber auch ihre Ängste und ihre Unsicherheit offen aussprechen können und auch bei der Gestaltung der Tauffeier verantwortlich beteiligt werden und nicht nur ein festes Ritual »erklärt bekommen«. Es geht bei der Taufe dann eben nicht mehr in erster Linie um das Sakrament des »Untertauchens«, des Abwaschens der Sünde, sondern um eine Zeichenhandlung in einem wesentlich umfassenderen Sinn. Die Taufe eines Kindes

umfaßt nicht nur die Tauffrage mit dem Versprechen der christlichen Erziehung des Kindes und die Taufhandlung, sondern der gesamte Lebenszusammenhang der Familie nach der Geburt eines Kindes wird zum Zeichen für eine religiöse Erfahrung.
Für Luther war die Geburt eines Kindes eine Gabe Gottes, »Geburt« verweist darauf, daß es bei dem neuen Leben um Vorgänge des Wachsens und Reifens geht, aus anfänglicher Schwäche und durch Gefahren hindurch. Bei der Taufe leuchtet die Vision der Bestimmung des Menschen auf, es ist »die christliche Kirche, die das Kindlein herträgt und... um Hilfe und Gnade durch die Taufe bittet, daß es ein Kind Gottes werden möge« (Weimarer Ausgabe 19, 537). Schon wenn Menschen ein Kind in die Kirche bringen, ist dies ein Zeichen, Teil eines religiösen Vertrauens, der Raum der Kirche wird zum Symbol göttlicher Geborgenheit, dem Menschen ihr Kind anvertrauen wollen. Kinder sind auch Vorbilder des Gottvertrauens: Wer das Reich Gottes nicht annimmt wie ein Kind, wird es nicht empfangen. Die Zeichenhandlung an einem Kind sagt also auch etwas aus über das Geschenk des Glaubens, über den Glauben als Geschenk. Daß Kinder von Eltern und Paten zur Taufe »getragen« werden, drückt aus, daß Eltern an ihrem Kind einen Auftrag Gottes zu erfüllen haben. Im Taufgespräch kann sich auch ergeben, daß Familienmitglieder oder Paten an der Tauffeier beteiligt werden. Jesus hat immer wieder Situationen aus dem Alltag des Menschen oder hervorgehobene Situationen zum Gleichnis für das Reich Gottes oder den Glauben gemacht, er ließ das menschliche Leben durchsichtig werden für die Gegenwart Gottes. Da das Leben jedes Menschen eine Fülle von (Alltags-)Ritualen enthält, können Rituale auf allen Ebenen auch neu entstehen. Voraussetzung dafür ist bei der Taufe, daß darin das Ja Gottes zum Menschen zum Ausdruck kommt, daß die Taufhandlung in jenen Gesamtzusammenhang gestellt wird, der das neue Leben in der Familie als Schöpfung Gottes begreift. Zwar werden von der Kirche die Amtshandlungen oft als bloße Dekoration betrachtet, tatsächlich aber kommt in diesem Bereich viel darauf an, daß die Pfarrer tatsächlich »Zeremonien*meister*« sind, Zeichen zum Sprechen bringen in ihrer Auslegung, eine gelungene Inszenierung vollziehen und gleichnishafte Bezüge deutlich machen, die die Menschen allein nicht herstellen können.
Jesus darf man sicher ohne weiteres als Anwalt der »Leutereligion« bezeichnen, denn er ließ sich ständig auf konkrete Le-

benssituationen seiner Zuhörer ein. Er rügte zum Beispiel die auf religiösen Ernst hin programmierten Jünger, die »störende« Kinder wegschicken wollten, indem er die Kinder in den Arm nahm und sie segnete. Vom Reich Gottes sprach er in Beispielgeschichten und Gleichnissen aus dem alltäglichen Leben, religiöse Erfahrungen waren für ihn nicht abgehoben vom Leben, sondern sie waren sichtbar und spürbar in »Zeichen und Wundern«, für den Glaubenden wurde das Alltagsleben durchsichtig, weil er darin die Präsenz Gottes unmittelbar aufzeigte, die Menschen allein darin nicht zu sehen vermochten. Wer sich die Zuhörer Jesu als religiöse Experten vorstellt, unterläge einer Fehleinschätzung. Jesus selbst war ihnen voller Mitleid und Wärme zugewandt, denn »sie waren verschmachtet und zerstreut wie Schafe, die keinen Hirten haben« – nahezu identisch mit Mitgliedern der Volkskirche, die vielleicht auch darauf warten, daß ihnen etwas von dem mitgeteilt wird, der auf besondere Weise Anteil am Leben Gottes hat. Menschliche Lebenssituationen waren für Jesus niemals nur ein Vorwand für theologische Verkündung, sondern seine »Verkündigung« war immer vollkommen situationsbezogen, erstaunlich not-wendig, einleuchtend. Wenn die Taufe als kirchliche Zeichenhandlung ernstgenommen wird, kann sie menschliches Leben an einem wichtigen Punkt durchsichtiger machen für die Liebe Gottes, denn die Taufe enthält die Verheißung der bedingungslosen Annahme des Menschen durch Gott. Innerhalb der Volkskirche muß der Dienst an den Mitgliedern – trotz oder wegen deren Distanz zur institutionellen Kirche – besonders ernstgenommen werden, gemäß den mutigen Ratschlägen eines katholischen Theologen: »Wir dürfen das Heute wichtiger nehmen als das Morgen, Gott wichtiger als die Kirche, die Not der Menschen wichtiger als ihren Glauben, den Glauben wichtiger als die Sakramente...«[57]

Anmerkungen

1 Fast alle Begriffe und Fakten dieser fingierten Rede sind enthalten in der Schrift des Basilius »Vom Gericht Gottes« (De Iudicio Dei) Vgl. K. Koschorke, Taufe und Kirchenzugehörigkeit in der Geschichte der Kirche – zwei Problemskizzen in: Chr. Lienemann-Perrin (Hg.), Taufe und Kirchenzugehörigkeit, München 1983, S. 129–146, S. 134f.

2 a. a. O. S. 135–140
3 E. Stommel, Christliche Taufriten und antike Badesitten, in: JAC 2, 1959, S. 5–14, S. 9; G. Kretschmar, Die Geschichte des Taufgottesdienstes in der alten Kirche, in: Liturgeia, Handbuch des Evangelischen Gottesdienstes, V, S. 11
4 R. Schütz, Johannes der Täufer, Zürich/Stuttgart 1967, S. 40
5 Stommel, a. a. O. S. 11
6 R. Schütz, a. a. O. S. 19
7 Chr. Lienemann-Perrin, Das Problem von Taufe und Kirchenzugehörigkeit im Lichte des Neuen Testaments, in: Taufe und Kirchenzugehörigkeit, S. 95–128, S. 112/113
8 a. a. O. S. 126
9 Das von Hippolyt aufgezeichnete ausführliche Taufritual aus der zweiten Hälfte des 2. Jahrhunderts gibt vermutlich die in Rom geltende Taufpraxis wieder, auch wenn sie aus der griechisch sprechenden Kirche stammt, vgl. Fleischer, Verständnisbedingungen religiöser Symbole am Beispiel des Taufrituals. Ein semiotischer Versuch, Mainz 1984, S. 22; G. Kretschmar ordnet die Taufliturgie Hippolyts dem Osten zu.
10 F. J. Dölger, Der Exorzismus im altkirchlichen Taufritual, Paderborn 1909, S. 5
11 So der Verfasser des Barnabasbriefes schon an der Wende vom 1. zum 2. Jahrhundert, vgl. Dölger, a. a. O. S. 5
12 a. a. O. S. 6
13 O. Böcher, Christus 1972, S. 113, zitiert bei Fleischer, a. a. O. S. 75
14 Homilien der Pseudoclementinen, IX, 10, 1–3, zit. bei Fleischer, S. 7
15 Fleischer, a. a. O. S. 78f.
16 Fleischer, a. a. O. S. 121
17 Stommel, a. a. O. S. 6
18 Fleischer, a. a. O. S. 166f.
19 De baptismo V, 5, zit. bei Fleischer, S. 251
20 De baptismo V, 2, vgl. Fleischer, S. 233
21 CCSL 1. S. 281, zit. bei Fleischer, S. 95
22 H. Kirsten, Die Taufabsage, Berlin 1960, S. 137, zit. b. Fleischer, S. 94
23 vgl. Clemens von Alexandrien, zit. bei Fleischer, a. a. O. S. 278
24 K. Koschorke, Taufe und Kirchenzugehörigkeit, a. a. O. S. 133
25 a. a. O. S. 143f.
26 Chr. Lienemann-Perrin, Das Problem von Taufe und Kirchenzugehörigkeit im Lichte des Neuen Testaments, in: Taufe und Kirchenzugehörigkeit, S. 118
27 vgl. W. Lienemann, Taufe – Mitte und Grenze der Kirche, zur theologischen Vorgeschichte der neuzeitlichen Taufproblematik, in: Taufe und Kirchenzugehörigkeit, S. 158
28 W. Lienemann, a. a. O. S. 159
29 W. Lienemann, a. a. O. S. 168

30 G. Kretschmar, a. a. O. S. 303
31 vgl. Fleischer, a. a. O. S. 287f.
32 Fleischer, a. a. O. S. 291
33 vgl. Neuheuser, Handbuch der Dogmengeschichte, a. a. O. S. 118
34 B. Jordahn, Der Taufgottesdienst im Mittelalter bis zur Gegenwart, in: Leiturgeia, Band V, S. 356f.
35 G. Scharffenorth, Taufe und Kirchenmitgliedschaft in der Theologie Luthers und in den Kirchenordnungen der Reformation, in: Taufe und Kirchenzugehörigkeit, S. 221 ff.
35a a. a. O. S. 235f.
36 a. a. O. S. 231f.
37 a. a. O. S. 238
38 a. a. O. S. 236
39 vgl. das Referat von Manfred Richter über die Taufe in dem Sammelband über Amtshandlungen (erscheint demnächst)
40 Was wird aus der Kirche? Ergebnisse der zweiten EKD-Umfrage über Kirchenmitgliedschaft, Gütersloh 1984, S. 100ff.
41 a. a. O. S. 91
42 a. a. O. S. 93
43 K. Barth, Die kirchliche Lehre von der Taufe, Theologische Studien 14, Zollikon/Zürich 1943
K. Bohren, Unsere Kasualpraxis – eine missionarische Gelegenheit? In: Th. Ex. NF 147, München 1968[3]
44 P. M. Zulehner, Was Christen von der Kirche fernhält, Freiburg 1985, S. 12
45 vgl. P. M. Zulehner, Heirat, Geburt, Tod – Eine Pastoral zu den Lebenswenden, Freiburg 1982[4], S. 18ff.
46 Wie stabil ist die Kirche, a. a. O. S. 97
47 E. Gülich in einer unveröffentlichten Arbeit über eine linguistische Analyse kirchlicher Amtshandlungen
48 Die Predigt bei Taufe, Trauung und Begräbnis. Inhalt, Wirkung und Funktion. Eine Contentanalyse, dort: Schäfer, S. 41ff.
49 a. a. O. S. 45
50 a. a. O. S. 152
51 P. M. Zulehner, Was Christen von der Kirche fernhält, in: Erfahrungen mit Randchristen, a. a. O. S. 13
52 Fleischer, a. a. O. S. 380
53 a. a. O. S. 381
54 a. a. O. S. 389
55 a. a. O. S. 390
56 a. a. O. S. 391
57 R. Zerfaß, Was sind letztlich unsere Ziele? in: Randchristen, a. a. O. S. 54

2. Den Engelchen gleich – Kommunion am »Weißen Sonntag«

Die Orgel spielte, die Menschen in der voll besetzten Kirche standen auf, dann zogen die Kommunionkinder hinter Priestern und Ministranten in die Kirche ein. Gerührte Damen führten gelegentlich ein Taschentuch an die Augen, und immer wieder hörte man halblaute Äußerungen des Entzückens: »Sehen die Kinder nicht bezaubernd aus?« »Wie die Frühlingsblumen.« »Wie die kleinen Engelchen.« Hinsichtlich der Engelseigenschaften konnte man den Mädchen einen gewissen Vorsprung nicht absprechen. Weiße Kleider und weiße Kränze im Haar machten sie auf jeden Fall jenen Vorstellungen ähnlich, die sich Menschen seit Jahrhunderten und Jahrtausenden von den lichten Himmelsboten gebildet haben – nur die Flügel fehlten. Aber die Kinder schienen ohnehin zu schweben, Kommunionkinder leben am »Weißen Sonntag« etwas oberhalb der Erde! »Sieh nur, die unschuldigen Kinder«, flüsterte die Mutter eines »Engelchens« ihrem Mann zu, obwohl sie sonst genug an ihrem Kind auszusetzen hatte, »was für ein schönes Bild«. Zwar war das Photographieren in der Kirche unerwünscht, aber immer wieder zuckte ein Blitzlicht auf, um dieses einmalige Bild für das Familienalbum einzufangen.

»Unschuldig« mochte im übrigen zwar der Anblick jener 9- bis 10jährigen festlich gekleideten »Erstkommunikanten« sein, die inzwischen in der vordersten Reihe Platz genommen hatten. Sonst aber hatte der Kommunionunterricht viel Mühe darauf verwandt, in den Kindern die unaufgeklärte »Unschuld« zu ersetzen durch eine nachhaltige Aufklärung über die Macht der Sünde. Sünde und Sündenbekenntnis als Vorbereitung auf das »Bußsakrament« bildeten einen Schwerpunkt jenes Unterrichts, der zunächst »Beichtunterricht« war. Da beschäftigten sich die 8jährigen im sogenannten »Kommunionhefter« damit, »wie wir sündigen« und »was wir als Sünde empfinden«, sie erfuhren, »woher die Sünde kommt« und »daß alle Menschen sündigen«, »welche Menschen in der Bibel gesündigt haben« –

von Kain bis Judas, »welche Macht die Sünde hat«, »wer Sünden bereut hat« – zum Beispiel Judas, der Jesus verriet und Petrus, der ihn verleugnete – und »wer uns von unseren Sünden befreit«.
Die Sündenvergebung ist in der Beichte zu einem kirchlichen System ausgebaut worden. »Welchen ihr die Sünden erlaßt, denen sind sie erlassen«, sagte Jesus zu seinen Jüngern. Nach katholischer Lehre ist dieser Satz im Wege der Vererbung auf die ganze Kirche übertragen worden, das Amt der Sündenvergebung kann also von allen Priestern der Institution in Anspruch genommen werden. Kommunionunterricht ist deshalb zunächst kirchlicher Beichtunterricht, die jüngsten Katholiken prägen sich die fünf großen B's ein: Besinnen, Bereuen, Bekennen, Buße tun (Beichten), Bessermachen. Die Kinder lernen, ihre »Sünden« in der persönlichen Beichte zu bekennen. Das »Beichtkind« berichtet dem Priester im Beichtstuhl, wann es zum letztenmal zur Beichte war, gesteht dann »in Demut und Treue« die eigenen Sünden ein, dieses Bekenntnis mündet ein in die Bitte: »Gott, sei mir Sünder gnädig«, der Priester erteilt die Absolution, dafür dankt man dem Herrn.
Es liegt auf der Hand, daß gerade dieser Schwerpunkt des Unterrichts – Sünde und Bußsakrament – für Kinder des 3. und 4. Schuljahrs wenig altersgerecht ist. Die Vorbereitung auf die Beichte wird entweder leicht als reine Formalität behandelt, wobei die Kinder unter Gleichaltrigen versuchen, den an sie gestellten Anforderungen zu genügen: »Sag mir doch mal schnell eine richtige Sünde.« Es kann aber auch vorkommen, daß durch die massive Beschäftigung mit der biblischen Geschichte als Sündengeschichte, mit der geplanten Opferung Isaaks durch Abraham, der Erzählung vom Sündenbock und ähnlichen Beispielen bei manchen Kindern (Sünden-)Ängste entstehen, die durch die Beichte keineswegs wieder abgebaut werden. Mit dem Inhalt des Unterrichts setzen sich jedoch die Eltern meist nicht auseinander, dies ist ihrer Auffassung nach »Sache der Kirche«, die man zwar allgemein bejaht, zu der man aber im Hinblick auf das familiäre Leben die gebotene Distanz wahrt.
Die Teilnahme der Kinder am Kommunionunterricht wird von den Eltern und der Kirche gemeinsam angestrebt und bejaht. Bei einer Befragung von Eltern vor Beginn des Unterrichts versprachen sich zwei Drittel davon, daß ihre Kinder »in die Gemeinde hineinwachsen sollen«; immerhin noch die Hälfte

kreuzte an, »weil ich selber glaube, daß Jesus in der Kommunion zu mir kommt«. Trotzdem haben die Eltern offenbar stärker das kurzfristige Ziel der Vorbereitung des »Weißen Sonntags« vor Augen, während die Kirchengemeinde mit dem Unterricht eher das langfristige Ziel einer kirchlichen Sozialisation ihrer jüngsten Gemeindemitglieder anstrebt.
Vielleicht hängt es mit diesen unterschiedlichen Erwartungen zusammen, daß der Kontakt zwischen den Eltern der Kommunionkinder und der Gemeinde von beiden Seiten nur in geringem Maße genutzt wird. Häufig folgen die Eltern kirchlichen Einladungen nicht, häufig machen die Pfarrer während der Zeit des Unterrichts kaum Hausbesuche. Bei der erwähnten Befragung der Eltern von Kommunionkindern (60 ausgefüllte Fragebögen) antwortete auf die Frage »Hatten Sie als Eltern während der Kommunionzeit Kontakt zum Pfarrer und zu Mitarbeitern der Gemeinde?« etwa ein Drittel der Befragten (21), daß sie durch Elternabende und/oder Teilnahme an Gottesdiensten und Gemeindeveranstaltungen mit der Gemeinde in Verbindung kamen. Zusätzlich gaben drei jener Eltern an, einen Hausbesuch des Pfarrers erhalten zu haben, sieben einen Besuch am Tag der Kommunion. Die Eltern fühlen sich in »ihrer« Gemeinde in einer Großstadt kaum angesprochen und eingeladen, die Pfarrer geben bei ständig zunehmendem Priestermangel »Arbeitsüberlastung« als Grund dafür an, daß sie zu Hausbesuchen nicht kommen, obwohl der Besuch des Pfarrers wegen dessen unterstellter Kompetenz in vielen Fragen gerade bei Katholiken immer noch sehr »gefragt« ist. Auf diesem Wege werden kaum neue Zielgruppen an die Kirche herangeführt, der »Bestand« der Kirche wird mit den ohnehin »Kirchentreuen« zu wahren versucht, bröckelt aber gerade deshalb immer weiter ab.
Kirchenmitglieder und Priester der Kirche beschränken sich anläßlich der Feier der Erstkommunion weitgehend auf eine volkskirchliche Zeremonie mit hoher Akzeptanz. Nach den Erfahrungen vieler Pfarrer geht es dabei allerdings mehr um eine religiöse Verklärung des »jungen Lebens«, um ein kirchliches »Fest der Kindheit« als um ein bewußtes Begreifen der kirchlichen Abendmahlsgemeinschaft. Die Voraussetzungen dafür fehlen auf der Seite der teilnehmenden Familien genauso wie auf der Seite der Kirche mit ihren Angeboten für die Kinder und mit ihrer Ausrichtung auf bestimmte Altersgruppen von Kindern und Jugendlichen. Ein Kaplan gewann von der Zeit der Kommunionvorbereitung mit Kindern des 3. und 4. Schuljahrs den Ein-

druck, daß die Kinder »angemeldet und abgeliefert wurden mit dem Gedanken, daß sie für den Akt der Erstkommunion sozusagen gedrillt werden sollten«, religiöses Engagement sah er bei Eltern und Kindern nur »in Spurenelementen«, bei den Kindern vor allem aufgrund ihres geringen Alters. Von Eltern wurde geäußert – im Zusatz zu der Beantwortung des Fragebogens: »... die Sonntagsmessen sind überhaupt nicht so, daß sich Kinder oder Jugendliche angesprochen fühlen könnten. Es ist eigentlich schade, daß die Sonntagspredigt für fest im Glauben stehende jahrelange Gemeindemitglieder im Rentenalter (und etwas darunter) gut ist, aber für die Jugendlichen keine Hilfe zu einem christlichen Leben bringt oder auch für sie etwas interessant ist.«

Bei wechselseitigem Unbehagen an der volkskirchlichen Praxis ist jedoch die punktuelle Zufriedenheit mit dem von der Kirche inszenierten »Weißen Sonntag« groß. Bei der erwähnten Befragung von 60 Eltern wird ebenso wie bei einer fast doppelt so großen Zahl von befragten ehemaligen Kommunionkindern (104) die Kommunion überwiegend positiv beurteilt. Der Unterricht tritt dabei in der Erinnerung der Kinder zurück. Elf Kinder hatten den Eindruck, sie hätten (zu) viel auswendig lernen müssen, dreimal so viele Kinder hatten eher den Eindruck, gelernt hätten sie »fast gar nichts« (zwei mal), »eigentlich nicht so viel«, »keine Ahnung«, »im Verhältnis wenig«, »nicht zu viel«, und 22mal einfaches »nein«. Eine Antwort mag bezeichnend sein für viele, die keine Angabe zum Unterricht machen mochten: »An den Unterricht kann ich mich kaum erinnern, da ich erst in der 3. Klasse war und nicht viel verstanden habe. Die Erstkommunion fand ich sehr schön.«

Woran erinnern sich die Kinder vorwiegend? Gottesdienst und Familienfeier bilden im nachhinein eine untrennbare Einheit: »Gottesdienst« (9mal), »Feier und Geschenke« (4mal), »Ich bekam so viel Post wie noch nie«; »an den ganzen Tag, die ganze Aufregung«; »Familienbesuch aus Köln (Oma und Tante)«; »dem Pfarrer fielen die Hostien herunter«; »als der Pfarrer kurz vorher unsere Rosenkränze segnete, war er sauer, daß ich ein Gebet nicht auswendig gelernt hatte«; »daß mein Neffe während des Gottesdienstes in den Korb mit dem Geld gegriffen hat«; »an die Angst zu stolpern oder etwas falsch zu machen«; »daß meine Patentante aus der Schweiz kam«; »an die weißen Kleider der Mädchen«; »ich war aufgeregt, aber es war toll...«.

Persönliche, religiöse und soziale Motive bilden also bei der Kommunion eine reizvolle Mischung. Ein Kind steht im Mittelpunkt einer Familienfeier, Verwandte und Freunde (Paten) reisen an, reichhaltige Geschenke übersteigen alle bisher gewohnten Dimensionen. Ein feierlicher Gottesdienst mit vielen gleichaltrigen Kindern leitet diese Freuden von einer höheren Macht ab, die im Gottesdienst vergegenwärtigt wird durch den Raum der Kirche, Licht, Farben und Musik, das Handeln der Priester mit besonderen kirchlichen Gewändern – aber auch durch die eigene festliche Kleidung, die Kommunionkerze und die Teilnahme an einer Handlung, die bisher Erwachsenen vorbehalten blieb. Die Handlung selbst wird zwar weitgehend nicht verstanden, aber der Tag der Kommunion haftet im Gedächtnis durch Festgottesdienst und Familienfeier, Besuch, Post und Geschenke, Ängste vor »Pannen« und große Aufregung. Wahrscheinlich zum erstenmal erleben Kinder dieses Alters, daß sie persönlich »gefeiert« werden, und empfinden dabei den »kirchlichen Rahmen« als einen wohltuenden Hintergrund, eine wohltätige Einrichtung.
Die jetzige Praxis einer Erstkommunion von 8- bis 10jährigen Kindern ist eine Kompromißlösung, die sich nach einer langen und wechselvollen Geschichte erst zu Beginn des 20. Jahrhunderts herausgebildet hat und die eine Art »Rückfall« im Vergleich zu früheren Erfahrungen darstellt. Zunächst bildeten Taufe, Handauflegung (Firmung) und Teilnahme am Abendmahl in der urchristlichen Gemeinde eine Einheit, eine Art Gesamtsakrament. Zur Taufe gehörte die »Taufeucharistie«, die nicht nur Brot und Wein enthielt, sondern auch einen Becher mit Wasser und Milch und Honig als Nahrung der »Neugeborenen«. Als zur Erwachsenentaufe schon seit dem Ende des 2. Jahrhunderts die Kindertaufe hinzutrat, wurde dafür kein eigener Ritus entwickelt, sie wurde behandelt wie eine Erwachsenentaufe,[1] wobei Eltern und Paten für das Kind das Glaubensbekenntnis ablegten. Da die religionspädagogische Seite der kirchlichen Sakramente noch keine Rolle spielte, rückte die Erstkommunion mit der Taufe ins Säuglings- und Kleinkindalter vor. Die Kommunion galt als Höhepunkt der Taufhandlung und erschien einigen Kirchenvätern als heilsnotwendig. Man spendete die Kommunion bei Säuglingen durch den in Wein eingetauchten Zeigefinger des Priesters, Kindern reichte man mit dem Kelch das in Wein eingetauchte Brot.[2]
Eine derart formale Sakramentsteilnahme wurde im Hochmit-

telalter ersetzt durch eine mehr personale Sicht der Teilnahme am Abendmahl. Kinder sollten erst in den »Jahren der Unterscheidung« zur Kommunion zugelassen werden, wie das 4. Laterankonzil im 13. Jahrhundert festlegte. Vom Beginn des 13. bis zum Beginn des 20. Jahrhunderts wurden zwar die heranwachsenden Kinder von den Eltern mitgenommen zur Eucharistiefeier, zugelassen zur Erstkommunion wurden sie aber erst nach der Pubertät.[3] Eine feierliche gemeinsame Erstkommunion gab es erstmals im 17./18. Jahrhundert unter dem Einfluß der Jesuiten, aber erst im 19. Jahrhundert wurde sie in Verbindung mit dem Religionsunterricht in der Schule allgemein üblich.[4]
Die Sorge um eine »rechtzeitige Teilnahme« der Kinder an der Kommunion führte 1910 in einem Dekret Pius X zu der Empfehlung, das »Vernunftalter« und damit die Verpflichtung zur Osterkommunion herabzusetzen auf das 7. Lebensjahr.[5] In Europa empfangen seither die meisten Kinder die erste Kommunion im 7. bis 9. Lebensjahr.[6] Ein erster Kontakt der Kinder mit der Kirche wäre auch in diesem frühen Alter durchaus zu bejahen, wenn der Unterrichtsstoff für sie verständlich angeboten würde. Verhängnisvoll ist allerdings die Tatsache, daß die Kommunionvorbereitung für die meisten Kinder die erste und gleichzeitig die letzte Begegnung mit der Kirche darstellt und das religiöse Wissen von 8- bis 10jährigen dann so etwas wie die kirchliche Grundausstattung für das weitere Leben bedeutet. Bedenkt man, wie wichtig gerade in unserer Zeit der »mündige Christ« als Multiplikator innerhalb der pluralistischen oder wertneutralen Gesellschaft für die Kirchen und für die Zeitgenossen ist, dann kann nur dringend gefordert werden, daß jener kirchliche Unterricht in Verbindung mit der Kommunionvorbereitung und auf jeden Fall auch mit einem erweiterten Themenkatalog auf ein späteres Alter verlegt wird, am besten ins Alter unmittelbar vor der Pubertät, in dem bei den Kindern eine besondere Aufgeschlossenheit für religiöse Fragen festzustellen ist sowie ein besonderes Gerechtigkeitsempfinden im Hinblick auf menschliche Verhaltensweisen (Stärken und Schwächen, Fehlbarkeit und Vergebung, Beispiel und Vorbild Jesu, Modelle des menschlichen Zusammenlebens, Erfahrungen von Gemeinschaft).
Kritisch zu befragen ist auch im Zeitalter menschlicher Autonomie und Selbstbestimmung eine durch Teilnahme an den kirchlichen Sakramenten definierte Kirchenzugehörigkeit. Eine

sehr veräußerlichte »Sonntagspflicht« bestand zum Beispiel darin, daß der Katholik zumindest bei der Wandlung der Abendmahlselemente in der Messe anwesend sein mußte, einmal im Jahr war die Teilnahme an der Beichte vorgeschrieben. Dergleichen geistliche Reglementierung und Bevormundung wird in zunehmendem Maße von den Mitgliedern der Kirche nicht mehr akzeptiert, das kirchliche Teilnehmerverhalten hat in diesem Bereich einen starken Einbruch erlebt. Eine nachlassende Angst vor göttlichen Strafen spielt dabei sicher genauso eine Rolle wie gewisse Reformbestrebungen, die das II. Vatikanische Konzil zum Ausdruck gebracht hat, z. B. mit der Auffassung, daß Sündenvergebung überall möglich sei, nicht nur in der Beichte.
Was als Einübung in die kirchliche Beicht- und Kommunionpraxis in der Zeit der Kommunionvorbereitung den Kindern vermittelt wird, endet meist ebenso plötzlich, wie es begonnen hat. Speziell die Beichte, das Bußsakrament, wird von Erwachsenen und Jugendlichen kaum noch praktiziert und deshalb auch von den Kindern nach der Erstkommunion nicht mehr vollzogen, zumal viele Kinder die Beichte negativ erlebt haben, deren abschreckende Wirkung von den Eltern häufig noch verstärkt wurde (»Warte nur, das mußt du dann dem Pfarrer beichten.«). Wo der kirchliche Unterricht die Kinder auf diese Weise als »Nachwuchs für die Kirche« rekrutieren will, scheitert er häufig in diesem Bemühen. Wo die Kirche dagegen auch und gerade ihren jüngsten Mitgliedern zu dienen versucht, deren Suche nach Sinn und Geborgenheit und Gemeinschaft durch altersgerechte Angebote beantwortet, da kann auch eine »Junge Gemeinde« entstehen, die die Nachfolge Jesu glaubwürdig erlebt hat und deshalb auch selbst praktizieren kann. Daß das sehr schwer ist, sollte kein Hinderungsgrund sein...

Eine weitere kirchliche Handlung für Jugendliche hat sich als Sakrament erst relativ spät im Verlauf der Kirchengeschichte entwickelt: die Firmung. Die Geste der Handauflegung und Salbung nach der Taufe als Zeichen der Geistverleihung ist in der Apostelgeschichte erwähnt und war lange Zeit hindurch Teil der Taufhandlung. Erst als diese Handlung regelmäßig vom Bischof vorgenommen wurde, während die Taufe von Presbytern und Priestern vollzogen wurde, entwickelte sich daraus so etwas wie ein eigenständiges Ritual, das schon im 4. Jahrhundert als »confirmatio« bezeichnet wurde. Vermutlich hing es auch mit deren Durchführung durch den Bischof zusammen, daß die Firmung bald höher eingeschätzt wurde als die Taufe. Das »Abwaschen« der Sünde bei der Taufe mit Wasser galt mehr als negative Handlung, als Befreiung von Sünden, die Handauflegung aber war das positive Zeichen der Geistübertragung, der Eingliederung in die Kirche.[7]

Bis ins 12. Jahrhundert hinein stand allerdings die bischöfliche Handauflegung immer noch in engem zeitlichem Zusammenhang mit der Taufe. Erst als die Erstkommunion an die »Jahre der Unterscheidung« gebunden wurde, rückte auch die Firmung ins Jugendalter vor. Theologisch ist der Stellenwert der Firmung bis heute unklar. Sie kann vor und nach der Erstkommunion vollzogen werden und müßte wegen ihrer engen Verbindung mit der Taufe sicher eher vor der Zulassung zur Erstkommunion stehen. Aber in Deutschland – und in den meisten europäischen Ländern – hat sich eine entgegengesetzte Praxis durchgesetzt. Vermutlich gilt hier auch noch die vom Bischof vollzogene kirchliche Handlung als »Steigerung« der von den Priestern der Ortsgemeinde durchgeführten Erstkommunion.

Wie stark die Firmung auch heute noch auf das Erscheinen des Bischofs ausgerichtet ist, belegt die Praxis der katholischen Kirche durchgehend. Diese kirchliche Handlung enthält besondere Chancen: während als Akt der Einführung ins kirchliche Leben die volkskirchlich-populäre Erstkommunion gilt, nehmen an Firmunterricht und Firmung nur noch 20 bis 40% der 12- bis 16jährigen katholischen Jugendlichen teil, in Großstädten oft deutlich weniger als 20%. Man kann wohl davon ausgehen, daß es sich dabei um kirchlich besonders motivierte Jugendliche handelt, die durch ihr Elternhaus, durch eine katholische Schule, durch ihr Engagement in der Gemeinde – zum Beispiel als Meßdiener – der Kirche besonders verbunden sind. Eine Befragung unter gefirmten Jugendlichen in Berlin ergab, daß Unterricht und Firmgottesdienst selten neutral erlebt werden. Es gibt ausgesprochen positive, aber auch ausgeprägt negative Urteile. Etwa gleich viele Jugendliche (ein Viertel und ein Fünftel) bejahten oder verneinten es, »viel gelernt zu haben«, wenigen positiven Zusätzen standen eine Fülle von negativen Urteilen gegenüber. Die Erwartungen der Jugendlichen im Hinblick auf eine ihrem Alter angemessene kritische und gründliche Beschäftigung mit Glaubensfragen wurde erfüllt, wenn es z. B. heißt: »Ich habe viel gelernt, Bibeltexte besser

verstehen und begreifen, was Jesus mit seinen Taten bewirkt hat«; »Ich würde sagen: es wurde viel nachgedacht und erfahren« oder auch allgemein: »Ich habe eine Menge Neues im Firmunterricht gelernt.«
Mehr als »Pflichtübung« oder als nicht ausreichend im Niveau empfanden Jugendliche diesen Unterricht, wenn sie äußerten: »Nein, der Stoff entsprach bestenfalls dem Niveau des Erstkommunionunterrichts.« »Nein, wir sind den Firmhefter durchgegangen« (ein solcher Hefter wird mehrmals erwähnt und als unzureichend empfunden); »kaum bis gar nichts gelernt« oder ähnlich (10mal). Insgesamt gab es unter den mehr als 100 Antworten etwa fünfmal so viele negative wie positive zusätzliche Anmerkungen (ca. 5:25).
Die unter Firmschülern sicher überdurchschnittlich hohe religiöse Motivation, die zur Ausbildung einer Gruppe von »mündigen Christen« oder sogar kirchlichen Multiplikatoren ausreichen würde, wird also nicht als Chance begriffen und genutzt. Der Unterricht wird häufig formal erteilt und absolviert, jugendgemäße Unterrichts- und Sozialisationsformen fehlen weitgehend. Zum Beispiel fand eine Gruppenfahrt bei weniger als einem Drittel der Befragten statt, eine in diesem Alter besonders zum Aufbau emotionaler Bindungen an die Gemeinde geeignete Form der Begegnung wird also nur selten angeboten.
Ähnlich wie der Inhalt wird auch die Form des Unterrichts beurteilt. Die Jugendlichen stellen zwar fest, daß sie Pfarrer oder Kaplan »viel fragen« konnten, positive Äußerungen lassen darauf schließen, daß sich die Jugendlichen mit ihren Lehrern von Fall zu Fall gut verstanden. Häufiger aber wurde die monologische Form des Unterrichts vermerkt und moniert: »Nur manchmal kamen Diskussionen auf«; »Pfarrer hat am meisten erzählt«; »Diskussion sollte zwar sein, war aber meist ›Monolog vom Pfarrer‹«. Bedenkt man, daß der Firmunterricht von ganz unterschiedlicher Dauer ist (zwischen 10 Stunden und 9 Monaten!) und Jugendliche in ganz unterschiedlichem Alter erreicht (zwischen 12 und 16 Jahren) dann kommt diesem wichtigen Kontakt mit der Kirche sicher auch eine ganz unterschiedliche Bedeutung zu. Für einige ist er nur eine kurze und unbefriedigende Begegnung mit Kirche und Gemeinde, für andere kann ein vertieftes religiöses Bewußtsein entstehen.
Noch stärker als bei der Kommunion aber trägt dieser Unterricht Vorbereitungscharakter, der Firmgottesdienst ist »Ziel«

des Unterrichts, die Gemeinde ist nicht der Ort, den Jugendliche kennenlernen und an dem sie heimisch werden sollen, sondern das Auftauchen des Bischofs in der Gemeinde wird als herausragendes Ereignis empfunden, das auch in der Erinnerung der Jugendlichen im Mittelpunkt steht. Die Frage, ob durch Firmunterricht und Firmung eine neue Bindung an die Gemeinde entstanden sei, beantworteten 25 % der Befragten positiv, sie gaben aber alle an, schon vorher in der Gemeinde aktiv gewesen zu sein.

Weitaus häufiger wurde die Frage nach einer Gemeindebindung verneint, durch den Unterricht wurde eine Beziehung zur Gemeinde nicht hergestellt, es gab auch kaum einen Kontakt zur Gemeinde auf der Ebene des sozialen Engagements, der praktischen Erfahrungen oder der Teilnahme an Gemeindeaktivitäten, ebenso fehlten Gemeindepraktika aller Art. Eher taucht noch einmal ein Zusatz auf: »Kirche ja, Gemeinde nein«, oder es finden sich enttäuschte Äußerungen von Jungen oder Mädchen: »Wenn man die Gemeinde, in die man eigentlich gehört (mit ein paar Ausnahmen) so langweilig, geradezu ›grau‹ findet, ist es schwer, die Firmung zu *feiern*. Traurig, nicht wahr?« Oder die Äußerung: »Ich muß zugeben, daß ich eigentlich überhaupt nicht kapiert habe, was da abgelaufen ist. Irgendwie habe ich das Gefühl, durch die Firmung noch weiter von der Gemeinde abgerückt zu sein als vorher. Man hat überhaupt keinen Kontakt mehr zu den Gemeindemitgliedern. Man geht zur Messe, weil man (ich) gezwungen wird dazu. Im großen und ganzen empfinde ich den Glauben irgendwie als Schwachsinn, an dem sich die Kirche bereichern will.« Beklagt wird außerdem von den Jugendlichen, daß es zu wenig Jugendarbeit oder jugendgemäße Angebote in den Gemeinden gibt.

Da der Firmgottesdienst nach dem Terminkalender des Bischofs ausgerichtet wird und jeweils eine sehr große Zahl von Jugendlichen zusammenfassen muß, ist der Charakter dieses Gottesdienstes naturgemäß nicht auf die Jugendlichen zugeschnitten, sondern stellt erheblich stärker ein »Fest der Kirche« dar. Allerdings sind die Jugendlichen durch die Firmvorbereitung auch darauf eingestellt, daß die Anwesenheit des Bischofs die entscheidende Besonderheit der Firmung darstellt. In der Erinnerung heben deshalb viele Jugendliche diese hierarchisch-personale Komponente der Firmung besonders hervor. Sie erinnern sich »an die Predigt des Bischofs«, »an den Moment vor dem Bischof«; »als ich vor dem Bischof kniete«; »daß wir vom heutigen Kardinal gefirmt worden sind«. Es gibt auch eine Reihe von Äußerungen, die eher dem Bereich des Personenkultes zuzurechnen sind und die Firmung zu einem höheren, »weihevollen« Augenblick umfunktionieren, dessen Wert sich zeigt in einer Art Suggestivwirkung, die den hierarchischen Aufbau der katholischen Kirche mit Priester- und Bischofsamt abstützt. So erinnern sich Jugendliche »an den Augenblick, als mir der Bischof in die Augen geschaut hat« (5mal), »als mir der Bischof die Hand gegeben und mit mir gesprochen hat« (3mal).

Der Gottesdienst insgesamt wird häufig als »feierlich« und »beeindruckend« bezeichnet, am häufigsten als »lang«, »sehr lang«, »zu lang« (zwei Stunden!), »ein bißchen langweilig«; »na ja, sie war viel zu lang«; »ich fand die Predigt zu lang«; oder sogar mit inhaltlich negativer Beurteilung: »schlecht, zu lang und ohne richtigen Inhalt«; »mir persönlich hat er nicht gefallen«; »nicht besonders«.

Noch dient offenbar der Firmungsgottesdienst der Stabilisierung der katholischen Kirche, die Jugendlichen werden als Nachwuchs in die hierarchisch gegliederte und repräsentierte Kirche eingeführt, sind vorübergehend davon zum Teil auch beeindruckt, gewinnen bei dieser Gelegenheit aber nur selten Kontakt zu ihrer Gemeinde.

Was im religionspädagogischen und gemeindepraktischen Bereich für die Reform des Konfirmandenunterrichts und der Konfirmation notwendig ist, läßt sich ohne weiteres auf Firmunterricht und Firmung übertragen und braucht nicht noch einmal im einzelnen ausgeführt zu werden. Besondere Überlegungen müssen aber der Festlegung des Kommunions- und Firmalters gelten, weil dadurch schon die Voraussetzungen für eine kirchliche Sozialisation erheblich verbessert werden könnten. Das früher vorherrschende Bestreben, Kinder so früh wie möglich zur Kommunion hinzuführen, hat leider zur Folge, daß Kinder in einem vorrationalen Stadium den Kommunionunterricht besuchen, so daß in ihnen bestenfalls ein »Kinderglaube« entsteht, der bei einer Mehrheit für das ganze Leben reichen muß, da viele später den Firmunterricht nicht mehr besuchen.

Es spricht – nicht nur aus diesem Grund – alles dafür, Kommunionunterricht und Erstkommunion erst im Alter von 11 bis 12 Jahren anzubieten, da Kinder dieser Altersstufe besonders lernfreudig und aufgeschlossen für religiöse Fragen sind, noch nicht abgelenkt durch die Pubertät. Das Firmalter sollte dann ebenfalls entsprechend heraufgesetzt werden. In einer Berliner Gemeinde machte man gute Erfahrungen damit, Jugendliche erst wieder in der nachpubertären Phase mit 15 bis 16 Jahren zum Firmunterricht einzuladen. Es kamen zwar etwa ein Drittel weniger als vorher – als 13- bis 14jährige angeschrieben wurden –, die Jugendlichen spielten aber stärker eine Multiplikatorenrolle und engagierten sich mehr in der Gemeinde als jüngere Jahrgänge vorher.

Am Firmgottesdienst ist vor allem die »Massenveranstaltung« eine vorwiegend auf den Bischof zugeschnittenen Messe reformbedürftig. Im Hinblick auf die Terminplanung des Bischofs werden Jugendliche unterschiedlichsten Alters und aus unterschiedlichen Gemeinden zusammengefaßt. Dem Bedürfnis der Jugendlichen aber entspräche es weitaus mehr, wenn für sie ein persönlich gestalteter Gottesdienst für eine überschaubare Gruppe von Gleichaltrigen aus einer Gemeinde vorbereitet und durchgeführt würde. Nichts spräche dann dagegen, daß alle Gefirmten später vom Bischof noch einmal zu wenigen zentralen Jugendmessen eingeladen und besonders begrüßt würden. Daß die Chancen der Ortsgemeinde bei den Jugendlichen jedoch nicht genutzt werden zugunsten eines zentral-hierarchischen Prinzips, hat sicher viele Nachteile, die nur teilweise aufgehoben werden durch die personengebundene Verehrung, die dem Bischof durch manche Jugendliche zuteil wird.

Anmerkungen

1 Neues Handbuch theologischer Grundbegriffe, Stuttgart 1985, S. 172
2 Die Religion in Geschichte und Gegenwart, III. Auflage, Band IV, S. 128
3 Handbuch der Pastoraltheologie, Freiburg 1968, S. 360
4 Pastoraltheologisches Handlexikon, Hrsg. von A. Adam und R. Berger, Freiburg 1980, S. 129
5 Pastoraltheologisches Handlexikon, a. a. O., S. 129
6 Handbuch der Pastoraltheologie, S. 348 ff
7 vgl. Confirmatio – Forschungen zur Geschichte und Praxis der Konfirmation. Hrsg. von K. Frör, München 1959

3. Mit 14 Jahren ein mündiger Christ – Konfirmation als Aussegnung

Mit erhobenen Sektgläsern stießen die Gäste nach dem Konfirmationsgottesdienst zu Hause auf »unseren Konfirmanden« an, der in ungewohnt feierlicher Kleidung mehr als 20 Verwandten gegenüberstand, die ihn mit Rührung und Wohlwollen betrachteten und endlich einmal wieder ein schönes Familienfest feierten. Konfirmand Michael war von Anfang an gegen eine Familienfeier dieser Größenordnung gewesen. Einige der Verwandten kannte er kaum, andere hatte er längere Zeit nicht gesehen. Persönlich verbunden fühlte er sich nur mit seinem Patenonkel, dem Bruder seiner Mutter, der immer viel mit ihm unternommen hatte. Aber »Die Konfirmation ist ein Familienfest«, befanden seine Eltern, und so wurde sie dann auch vorbereitet und gefeiert. Michael bekam ein Sektglas in die Hand und trank es, viele andere Gläser berührend, nicht ungern allmählich leer. Man drückte ihm Päckchen und Briefumschläge in die Hand, riesige Blumensträuße wurden geliefert, ein Eilbote gab zwei Glückwunschtelegramme ab.
Mit einem Freund zog er sich schließlich in eine Ecke des Zimmers zurück. Klaus war der einzige Freund, der heute nicht selbst eingesegnet wurde und ihm deshalb beistehen konnte. Und Beistand hatte er tatsächlich nötig, denn so hatte er sich dieses Fest nicht vorgestellt. Eine Super-Luxus-Uhr wickelte er aus einem kleinen Kästchen, ein teures Mikroskop hatte er sich gewünscht und bekommen, ein schwerer Karton enthielt ein Lexikon mit 10 Bänden. Und dann öffnete er verschiedene Briefumschläge, die alle die handschriftlichen Zeilen enthielten, er möge sich selbst einen Wunsch erfüllen. Sie waren jeweils gefüllt mit mehreren Hundertmarkscheinen – zwischen zwei und sechs –, im ganzen zählte er über 2000 Mark.
Sein nicht besonders gefestigter und noch sehr junger Christenglaube vermochte darin nicht unmittelbar eine Belohnung Gottes zu sehen. Er hatte eher das unbestimmte Empfinden, als sei dies ein Irrtum, denn zu den wenigen Vorstellungen, die er

bisher mit der Religion in Verbindung brachte, gehörte auf jeden Fall, daß man dabei nicht an seinen eigenen Vorteil denken sollte. Warum also wurde man für die Konfirmation sozusagen bezahlt? Ein älterer Herr, der sich als seinen Großonkel bezeichnete, drückte ihm in der nunmehr schon bekannten diskreten Art noch einen Umschlag in die Hand und gratulierte ihm dazu, »daß du jetzt sozusagen erwachsen geworden bist, ein mündiger Christ«.

Michael kam sich in keiner Weise erwachsener vor als gestern, und er fühlte sich auch nach der Konfirmation in all diesen Kirchenangelegenheiten eher unmündig und unentschieden. Aber er nahm den Umschlag mit einer zuvorkommenden Verbeugung entgegen und bedankte sich höflich – nebenbei hörte er, daß man seinen Eltern im Hintergrund anerkennend mitteilte, wie erfreulich und wohlerzogen ihr Sohn doch sei.

»Was wird denn hier eigentlich gefeiert?« fragte er sich. Er konnte sich kaum vorstellen, daß es für all diese Leute, die gestern am Abend vor der Einsegnung noch erzählt hatten, wie viele Jahre sie nicht mehr in einer Kirche gewesen seien, ein Grund zum Feiern sein könnte, daß er nun ein mündiges Mitglied der Kirche war. Sicher würde er in Zukunft genauso wenig in die Kirche gehen wie sie. Aber er konnte deshalb der Konfirmation auch nicht die gleiche Bedeutung beimessen wie die Erwachsenen – sie schienen eine Art »Ritterschlag« darin zu sehen, eine besondere Weihe, die wohl für sie selbst einmal eine Rolle gespielt hatte und die sie nun auf ihn zu übertragen versuchten. Früher war man eingesegnet worden, ehe man aus der Schule entlassen wurde, früher hatte man vielleicht die ersten langen Hosen zur Konfirmation getragen – aber jetzt? Er sah weit und breit keinen besonderen Einschnitt in seinem Leben, nur diesen merkwürdig herausragenden heutigen Tag, der ihm vorkam wie ein Schauspiel auf der Bühne mit mehreren Akten.

Heute früh vor dem Konfirmationsgottesdienst war er etwas aufgeregt gewesen, obwohl er nicht wußte, was daran hätte außerplanmäßig verlaufen sollen. Alle Konfirmanden waren in genau festgelegter Reihenfolge hinter dem Pfarrer her in die Kirche gezogen, erst die Mädchen, dann die Jungen. In der ersten Reihc fand jeder seinen vorgesehenen Platz, und alle sangen den eingeübten Choral, hörten Lesungen und Gebete, sprachen und sangen bestimmte Sätze – endlos zog sich das hin. Man nannte es Liturgie und wollte Gott damit dienen – wie sie

im Unterricht erfahren hatten –, aber Gott konnte einem leid tun, wenn er sich so etwas dauernd anhören mußte. Immerhin waren heute auch 35 Konfirmanden in der Kirche, daran schien man am allerwenigsten gedacht zu haben, obwohl der Pfarrer am Anfang in der Begrüßung gesagt hatte, daß sie, die Konfirmanden, heute im Mittelpunkt des Gottesdienstes stehen sollten. Es stellte sich heraus, daß das nicht stimmte, kaum ein Satz hatte etwas mit ihnen zu tun. Im Mittelpunkt standen genau wie immer ein paar mehr oder weniger unverständliche Bibeltexte, und einer von ihnen war dann – wer weiß, aus welchem Grund – der »Predigttext«. Der Pfarrer las ihn vor, als hätte er eine spannende Geschichte zu erzählen, fast im Märchenton, aber so erfreulich war diese Geschichte nun wirklich nicht. Gott forderte Mose auf, vom Berg Sinai zurückzukehren, weil das Volk Israel inzwischen ein goldenes Kalb anbetete, das Volk sollte deswegen vom Zorn Gottes vernichtet werden, weil es ein »halsstarriges« und »ungehorsames« Volk sei. Aber Mose bat für das Volk, und Gott ließ Gnade vor Recht ergehen.
Es kam dann tatsächlich noch etwas von den Konfirmanden in der Predigt vor, sie waren auch öfter »halsstarrig« und »ungehorsam« gewesen, trotzdem galt auch für sie die Gnade, denn nicht nur Mose, sondern vor allem Jesus Christus sorgte inzwischen für die Vergebung ihrer Sünden. Die zerschmetterten Gebotstafeln wurden – auch aus Gnade – durch neue ersetzt...
»Leider«, dachte Michael, so mußte man die Zehn Gebote auswendig lernen. Dies wäre nicht einmal so schlimm gewesen, wenn Luther nicht diese Erklärungen zu den Geboten geschrieben hätte, die man auch noch lernen sollte; es gab einfach zu viel von diesen Sachen. Mose hätte sich wegen der neuen Gesetzestafeln nicht bemühen sollen, dann hätte Luther auch keine Erklärungen dazu schreiben können. Diese ganzen Glaubenssachen waren ziemlich kompliziert, glücklicherweise hatte er das jetzt alles hinter sich, nur die Predigt noch nicht, sie schien kein Ende zu nehmen.
Die meisten Konfirmanden kicherten schon oder stießen sich an, flüsternd schlossen sie Wetten ab, wie lange es wohl noch dauern würde, nach einer Stunde kam dann doch der Augenblick, in dem der Pfarrer ein triumphierendes »Amen« hinter seine Rede setzte. »Amen« hatte etwas mit Gewißheit zu tun, das ließ sich leicht begreifen, mit dem Amen war die Predigt endgültig vorbei. Jetzt mußte die Einsegnung kommen, die Konfirmanden sprachen mit der Gemeinde das Glaubensbe-

kenntnis, dann wurden sie aufgerufen und gingen, wie sie es geprobt hatten, zu dritt oder zu viert zum Altar. Der Pfarrer las die Sprüche vor, sie mußten niederknieen, fühlten seine Hand auf ihrem Scheitel und hörten etwas vom Segen, der bei ihnen bleiben sollte. Michael fand es feierlich, auch etwas fremd, aber nicht unangenehm.

Mit der Einsegnung aber war der Gottesdienst keineswegs vorbei. Sie waren ja jetzt zum Abendmahl zugelassen, dafür gab es noch einmal eine Liturgie, von der Michael nun schon überhaupt nichts mehr verstand, obwohl er sie kannte und schon einmal erklärt bekommen hatte. Diese vielen Worte liefen an ihm herunter wie ein unangenehmer Regen, gegen den man sich nicht schützen konnte. Als ob es nicht genügte, daß man eingesegnet war, kam nun noch einmal so etwas wie ein ganz neuer Gottesdienst. Alle sollten am Abendmahl teilnehmen, viele taten es auch, so dauerte dieser Teil noch einmal länger als 40 Minuten. »Was denkt der sich bloß?« flüstert er seinem Freund Bernd zu, »das nimmt ja überhaupt kein Ende mehr.« Aber der nahm es gelassener: »Konfirmation ist ja nur einmal im Leben, vielleicht muß es deshalb so lange dauern, später erwischen sie uns ja nicht mehr.« »Wenn sie es so machen, ganz bestimmt nicht«, antwortete Michael, »das werde ich ihm nachher auch sagen.«

Als der Pfarrer ihnen schließlich nach dem Gottesdienst die Konfirmationsurkunde gab und noch ein kleines Heftchen schenkte, nahm er all seinen Mut zusammen, wurde nun doch verlegen und beschränkte seine Kritik auf den Satz: »Die Einsegnung dauerte viel zu lange, man konnte zuletzt gar nicht mehr richtig sitzen.« Der Pfarrer war für einen Augenblick irritiert und verwirrt, einige Konfirmanden staunten anerkennend. Aber schon schüttelten ergriffene Eltern dem Pfarrer die Hände und dankten ihm »für den wunderbaren Gottesdienst« – da konnte er die Auffassung eines einzelnen Konfirmanden getrost vergessen. Er nickte lächelnd nach allen Seiten und sprach von den »lieben jungen Gemeindegliedern«, die jetzt befreit aus der Kirche stürmten. »Warum sagen die anderen nicht auch einmal etwas?« dachte Michael, »dann würde er vielleicht merken, daß er es so nicht machen kann.«

Hatte dieser Tag eine besondere Bedeutung für ihn? Er kam kaum zum Nachdenken. Der zweite Akt dieses Schauspiels zu Hause hatte ihn auf andere Weise genau so verwirrt wie der erste. Sein Freund Klaus – schon im letzten Jahr eingesegnet –

zog eine nüchterne Bilanz: »Ist doch ein ganz schöner Stundenlohn für den Konfirmandenunterricht« – er nickte mit schrägem Kopf zu den sauber aufeinandergeschichteten Briefumschlägen herüber. »So kann man das doch nicht sehen«, antwortete Michael, er hatte an den Konfirmandenunterricht eigentlich ganz freundliche Erinnerungen. Im Unterricht war der Pfarrer anders als auf der Kanzel, er machte öfter einmal Witze und war jedenfalls irgendwie menschlicher als die meisten Lehrer in der Schule. Sicher war manches ziemlich altertümlich und unverständlich, aber manchmal war es auch ganz interessant, was der Pfarrer aus der alten Zeit erzählte. Nur die Lernerei war ausgesprochen lästig, als ob sie in der Schule nicht schon genug zu lernen hätten.

»Weshalb bist du denn dann überhaupt zum Konfer gegangen?« wollte Klaus wissen. »Wenn ich das mit dem Geld gewußt hätte, hätte ich es vielleicht nicht getan«, antwortete Michael, »ich finde das ganz schön pervers.« Er dachte nach. Alle Freunde aus seiner Klasse hatten sich zum Konfirmandenunterricht angemeldet, seine Eltern wollten es auch; es interessierte ihn sogar, was mit der Kirche los war, auch wenn er es jetzt eigentlich immer noch nicht wußte. »Und wie ist deine Einstellung jetzt?« Michael hob ratlos die Schultern: »Ich weiß es nicht. Nur in einen Gottesdienst will ich so schnell nicht wieder.« Ein Onkel, der gerade vorbeikam und seine Bemerkung hörte, lachte zustimmend und sagte: »Ja, ja, Kirchgänger sind wir alle nicht. Aber die Einsegnung kann ja niemandem schaden, warum sollte man das nicht mitmachen. Jetzt kannst Du Pate werden und kirchlich heiraten.«

Michael schüttelte sich bei dem Gedanken an eine kirchliche Hochzeit, vorläufig mußte erst einmal die Konfirmation zu Ende gefeiert werden. Am Nachmittag durfte er für zwei bis drei Stunden die Wohnung verlassen. Diese Familie feierte inzwischen längst ohne ihn, er hatte ihnen den Anlaß geliefert, jetzt brauchte man ihn glücklicherweise nicht mehr. Photos wurden herumgezeigt, man erfuhr von allen das Neueste, jeder konnte stolz sein auf die Entwicklung irgendeines Kindes oder Enkelkindes. Irgend jemand war bei allen »ganz schön groß geworden«, Michael war nur noch ein hoffnungsvolles Familienmitglied neben anderen. Als er gegen 21 Uhr zurückkam, brachte er drei müde Konfirmandenfreunde mit, sie zogen sich in den Keller zurück, drehten Musik auf, daß die Decke bebte, und holten sich Essen vom kalten Büffett nach unten. Längst

hatte er die feierliche Kleidung gegen vernünftige Klamotten ausgetauscht, die Rückkehr zur Normalität hatte begonnen.
In dieser oder einer ähnlichen Form erleben jährlich mehr als 400000 Jugendliche im Alter von etwa 14 Jahren den Tag der Konfirmation. Ein Teil von ihnen lebt in der Familie in engem und herzlichem Kontakt mit den Verwandten und empfindet deshalb eine solche Familienfeier als die für sie angemessene und natürliche Form – vor allem wenn freundschaftliche Beziehungen zu Vettern und Cousinen bestehen. Bei anderen Konfirmanden besteht allerdings zu Hause nur eine lose Verbindung zu den Verwandten, so daß ihnen – wie in der Eingangsgeschichte geschildert – die Vielzahl der fernerstehenden Erwachsenen eher fremd erscheint.
Ob nun die Familie von einer bewußten christlichen Überzeugung geprägt oder eher »kirchenfern« eingestellt ist – der festliche Rahmen dieses Tages hat fast immer einen verdeckten religiösen Charakter. Die Einsegnung des Jugendlichen wird verstanden als Ausdruck der Dankbarkeit für einen erreichten Lebensabschnitt, auch als Zeichen der Hoffnung für die Zukunft. Im meist traditionell abgehaltenen Konfirmationsgottesdienst können die Erwachsenen diese ihre »volkskirchlichen« religiösen Vorstellungen zum Teil wiederfinden, da der Segen bei der Konfirmation genau wie die Taufe mehr als religiöse Handlung aufgenommen wird als durch die vielen Besuchern fremde Sprache des Gottesdienstes. Weil am Konfirmationstag mit überwiegend »kirchenfernen« Besuchern die christliche Botschaft häufig ausgelegt wird, als seien die Hörer regelmäßige Kirchgänger und »Insider«, fühlen sich die meisten Besucher bei dieser Gelegenheit aber nicht persönlich angesprochen, sondern es bestätigt sich für sie wieder einmal der Grund dafür, warum sie nicht mehr in die Kirche gehen. Darin sind sich die meisten Eltern und Paten mit den Konfirmanden einig, und auch darum gerät u. a. die Einsegnung oft zur Aussegnung. Die volkskirchliche religiöse Handlung wird akzeptiert, die theologische Aussage bleibt weitgehend unverstanden, nicht nur von den Konfirmanden, aber vor allem auch von ihnen. Worauf das zurückzuführen ist, soll später bei der Analyse des Konfirmationsgottesdienstes noch ausführlicher behandelt werden.
Für dic Verwandten ist der Konfirmationstag meist noch aus früheren Zeiten ein wichtiges Fest, durch ihr Kommen und ihre (Geld-)Geschenke wird er als ein besonderer Höhepunkt markiert, den die Jugendlichen selbst in ihm nicht sehen. Von Fall

zu Fall erfahren sie aber dadurch eine Aufwertung ihrer Person, manchmal empfinden sie auch eine gewisse Fremdheit gegenüber dieser Einstellung der Erwachsenengeneration, meist mischen sich bei ihnen beide Erfahrungen. Große Geldgeschenke sind übrigens auch und gerade dort üblich, wo die finanziellen Verhältnisse der Angehörigen und Verwandten eher eingeschränkt sind. Eine ungewisse Vorstellung vom »Heiligen« und »Religiösen« äußert sich hier in materiellen Zuwendungen, als könne man den »Segen« dieses Tages sozusagen umsetzen in einen faßbaren Besitz, als könne man Liebe und gute Wünsche in den Bereich des »Habens« übertragen.

Die Konfirmanden selbst betrachten die Konfirmation meist nicht als einen besonderen Einschnitt – begegnet ihnen doch so gut wie nie mehr ein Zusammenhang zwischen Konfirmation und Schulentlassung oder dem Übergang in einen neuen Lebensabschnitt. Dies zeigt sich auch im Ergebnis der letzten EKD-Umfrage von 1984, bei der die 14- bis 24jährigen nur zu 37% in der Konfirmation einen »feierlichen Abschluß der Kindheit und Beginn eines neuen Lebensabschnitts« sahen, gegenüber 67% bei den über 65jährigen und 62% bei den 50- bis 64jährigen. Auch »Segen und Zuspruch für den weiteren Lebensweg« sahen in ihr nur 33% der 14- bis 24jährigen im Vergleich zu 65% bei den über 65jährigen und 52% bei den 50- bis 64jährigen.[1]

Die Konfirmation bringt also für die Jugendlichen sehr unterschiedliche Erlebnisse und Erfahrungen mit sich. Ein Teil dieser »Erfahrungswerte« spielt übrigens auch schon eine Rolle bei der Anmeldung zum Konfirmandenunterricht. Die Gründe dafür stammen überwiegend aus einem Bereich, den man als »Sekundärmotivation« bezeichnen könnte, nur selten aus dem Bereich einer primär religiösen Motivation. Schüler gehen zum Konfirmandenunterricht (wie sie selbst immer wieder äußern):

»weil meine Freunde auch gehen;
weil es in unserer Familie so Tradition ist;
weil es Geschenke gibt;
weil die Konfirmation ein schönes Fest ist;
weil man dann richtig zur Kirche gehört;
weil man den Glauben richtig kennenlernen soll, bei der Taufe war man noch zu klein...«

Die Konfirmanden stoßen dabei mit ihren bunt gemischten Erwartungen auf ein ebenso unterschiedliches Unterrichtsangebot. Zwar gibt es inzwischen in allen Landeskirchen Rahmenpläne und auch Unterrichtsmodelle. Durch eine Fülle von religionspädagogischem Material und Fortbildungsmöglichkeiten können Pfarrer sich gerade in diesem Bereich qualifizieren und spezialisieren. Aber dies alles ist trotzdem wenig systematisiert, es gibt weder »Erfolgskontrolle« noch »Gefahrenzulage«. Manche Pfarrer bauen mit Hilfe der Konfirmanden- und Elternarbeit ein Stück Gemeinde auf, manche verlieren im Kampf mit den Halbwüchsigen die letzten Hoffnungen. Mit Sicherheit ist der Konfirmandenunterricht eine der schwierigsten Aufgaben innerhalb der pfarramtlichen Tätigkeit, allerdings enthält er auch bestimmte Chancen, die in manchen Landeskirchen in der Ausbildung vermittelt werden (z. B. in Hannover am Religionspädagogischen Institut in Loccum), in den meisten Fällen aber mehr ins persönliche Belieben gestellt sind. Bedenkt man, daß die Zeit des Konfirmandenunterrichts für die meisten bundesdeutschen evangelischen Christen die einzige intensive Begegnung mit der Kirche in ihrem Leben ist, dann kann man Inhalt und Aufgabe dieses Unterrichts wohl kaum überschätzen.

Das volkskirchliche Fest »Konfirmation« hat beinahe noch eine höhere Teilnehmerquote als die Taufe. Bei der Kindertaufe gab es in den letzten Jahren zunehmend einen »Taufaufschub«, der zur Zeit noch im Konfirmandenalter »aufgeholt« wird. In Großstädten – und dort besonders in Arbeitervierteln oder sehr gehobenen Wohngegenden – ist aber auch die Teilnahme am Konfirmandenunterricht keineswegs mehr die Regel, in manchen der genannten Bezirke in Berlin nehmen zum Beispiel nur noch 40 bis 60 % eines Jahrgangs an der Konfirmation teil.

Die Konfirmation ist zwar eine spezifisch evangelische Amtshandlung, ihre Entstehung geht aber zurück auf die katholische Firmung, die sich als »Handauflegung« des Bischofs und Symbol der »Geistverleihung« im Zusammenhang mit der Taufe zu einem eigenen Sakrament entwickelte, das im 12. Jahrhundert in den Kanon der sieben Sakramente aufgenommen wurde. Zunächst stand die Firmung oder »Confirmatio« bis ins 12. Jahrhundert hinein in engem zeitlichem Zusammenhang mit der Taufe. Im 4. Laterankonzil von 1215 wurde die Firmung – genau wie die vorangehende Erstkommunion – an eine gewisse Reife gebunden, an die »Jahre der Unterscheidung«, wofür das Laterankonzil das 7. Lebensjahr festsetzte, der Catechismus Romanus das 12. Lebensjahr.[2]

Für die Böhmischen Brüder wurde die Konfirmation zur Voraussetzung für die Zulassung zum Abendmahl, sie bedeutete gleichzeitig die Aufnahme in die Vollgemeinde. Erasmus forderte eine katechetische Unterweisung und eine Erneuerung des Taufgelübdes für Kinder in einem bildungsfähigen Alter, daraus entwickelte sich eine katechetische Konfirmation in Reinkultur.[3] Luther hat endgültig den sakramentalen Charakter der Konfirmation abgeschafft; er machte die Konfirmation aus einer Ergänzung der Taufe zu einer Voraussetzung für die Teilnahme am Abendmahl. Durch eine einmalige Prüfung wurde die Abendmahlsreife festgestellt, die Handauflegung bei dieser Konfirmation galt als Zeichen der Sündenvergebung, der Absolution.[4] Butzer hat in einer Kasseler Kirchenordnung von 1539 die Konfirmationshandlung liturgisch ausgearbeitet, und damit läßt sich wohl auch der offizielle Beginn der evangelischen Konfirmation datieren. In dieser Kirchenordnung gehörte zur Konfirmation der Heranwachsenden die Wiederholung des Taufbekenntnisses, das Gebet der Gemeinde, eine Handauflegung, die Zulassung zum Abendmahl und die tätige Nächstenliebe in der Gemeinde.[5] Der Vorbereitung auf die Konfirmation diente der Katechismusunterricht. Er wurde in den evangelischen Schulen von Küstern oder Pfarrern erteilt und endete mit einer Prüfung, einem »Katechismusverhör«.[6]
Alle Grundelemente der Konfirmation sind also schon im 16. und frühen 17. Jahrhundert ausgebildet worden. Im Zeitalter des Pietismus und der Aufklärung hat sie sich endgültig in den evangelischen Gebieten Deutschlands durchgesetzt.[7] Spener verfaßte 1677 eine einfache Erklärung der christlichen Lehre nach der Ordnung von Martin Luthers Kleinem Katechismus und teilte die Glaubenslehre in 1283 Fragen auf, deren Beantwortung durchaus konservativ von der lutherischen Lehre her erfolgte und bei der viele Schriftstellen herangezogen wurden. Spener warb mit diesem Unterrichtswerk um Einsicht dafür, daß »der Acker des Herzens bald in der Jugend wohl geackert und gesäet werde, ehe er von Dornen allzu sehr und dick bewachsen und das in der Taufe von dem Heiligen Geist gewürkte Gute durch wirkliche Bosheit vollends ausgereutet werde«.[8]
Zur öffentlichen Verbreitung und Anerkennung der evangelischen Handlung trugen nicht unwesentlich die »solennen Konfirmationen großer Prinzen und Prinzessinnen bei, die den Charakter von Hof- und Staatsaktionen bekamen und vom ganzen Land mitgefeiert wurden«.[9] Die katholische Propaganda führte

am Ende des 17. Jahrhunderts dazu, daß einige evangelische Fürsten zum katholischen Glauben zurückkehrten.[10] Um dieser Bewegung Einhalt zu gebieten, bekannten sich die übrigen evangelischen Fürsten mit größerem Nachdruck öffentlich zur Konfirmation, die Einsegnung der Fürstenkinder wurde sozusagen als »Gegenpropaganda« eingesetzt und diente als Vorbild für die Konfirmation aller »Landeskinder«.[11]
Eine Prinzessin von Schwarzburg wurde so nach einer Ansprache über Offenbarung 21,9 (»Komm, ich will dir zeigen die Braut des Lammes«) als Lammfreundin aufgefordert, ihr Examen abzulegen zum Beweis dafür, daß sie ihren geistlichen und himmlischen Bräutigam kenne. Die Berichterstatter vergaßen nicht, der zahllosen Tränen zu gedenken, die bei dieser Gelegenheit vergossen wurden.
Der 27. März 1771, der Konfirmationstag des Erbprinzen Karl August von Weimar, wurde als ein den Untertanen der Herzogtümer Weimar und Eisenach auf ewig unvergeßlicher Tag dargestellt.[12]
Während der zweiten Hälfte des 18. Jahrhunderts gewann die Konfirmation eine Bedeutung, die die der Taufe noch überragte. Gleichzeitig änderte sich der Inhalt des Lehrstoffs. Zusätzlich zum Katechismus wurden die Konfirmanden darauf vorbereitet, daß sie nach der Schulentlassung gleichberechtigte Mitglieder der Gesellschaft und der »geselligen Beziehungen« wurden.[13] Die Verbindung der Konfirmation mit der Schulentlassung und dem Ende der christlichen Unterweisung legte den Gedanken nahe, die Konfirmation sei gleichzeitig eine Art »Kirchenentlassung«.[14] Obwohl die Schulentlassung bei der Konfirmation kaum noch eine Rolle spielt, ist die Praxis der »Kirchenentlassung« heute eher die Regel als die Ausnahme, statt »Einsegnung« gibt es häufiger die »Aussegnung«.
Aus diesem Phänomen sind unterschiedliche Konsequenzen gezogen worden, verschiedene Unterrichtskonzeptionen und Konfirmationsmodelle leiten sich daraus ab:
1. Die Anhänger eines traditionellen Katechismusunterrichts gehen davon aus, daß die Jugendlichen in der Zeit des Konfirmandenunterrichts so viel wie möglich lernen und auswendiglernen sollten, da sie später kaum jemals wieder mit der Kirche in Kontakt kommen. Der Konfirmandenunterricht vermittelt sozusagen das religiöse Marschgepäck fürs Leben, das für die nächsten Jahrzehnte reichen muß und dessen Wert die Konfirmanden »später« schon noch schätzen lernen werden. In Notsi-

tuationen könne ihnen einmal aufgehen, welchen Schatz bestimmte traditionelle Glaubenstexte darstellten, die sie jetzt noch nicht verstehen könnten.
Die Konfirmation wird bei einer solchen Auffassung als abschließendes Bekenntnis zu Kirche und Glaube verstanden, das »ein für allemal« abgelegt wird und mit dem in der Tat jene Phase der religiösen Unterweisung abgeschlossen wird. Ein solches Bekenntnis hat häufig einen rein konventionellen Charakter, es besteht kaum eine Verbindung zu den persönlichen Auffassungen und Erfahrungen der Konfirmanden. Kirche und Glaube erscheinen als feste vorgegebene formale Größen, die durch bloße Wiederholung angeeignet werden. Eine solche »Glaubensvermittlung« hat kaum eine Bedeutung für das persönliche Leben der Konfirmanden; unabhängig davon kann allerdings der Konfirmator durchaus eine positive Rolle für die Konfirmanden spielen.

2. Eine andere Konzeption des Konfirmandenunterrichts geht davon aus, daß die Konfirmanden im Unterricht über Kirche und Glaube informiert werden und sich bestimmte Inhalte aneignen. Gleichzeitig sollen jedoch auch ihre eigenen Fragen und Probleme im Unterricht berücksichtigt werden, die Themen und Texte werden altersgerecht und sachgerecht ausgearbeitet; gelegentlich werden die Konfirmanden an der Auswahl oder an der Gestaltung der Themen beteiligt. Von Fall zu Fall wird auch im Umfeld der Gemeinde »soziales Lernen« praktiziert, damit die Konfirmanden die Gemeinde kennenlernen und sich bei bestimmten Projekten auch engagieren können. Reisen oder Wochenenden mit den Konfirmanden gehören gelegentlich zum Unterricht. Die Konfirmation ist bei dieser Form des Konfirmandenunterrichts der volkskirchliche Schlußakt eines kirchlichen Angebots, bei dem die Konfirmanden die Kirche »in freundlicher Erinnerung behalten« sollen, falls sie bei späteren Gelegenheiten wieder mit ihr in Berührung kommen (z. B. als »Paten« oder bei der kirchlichen Hochzeit).

3. Es wird ein Konfirmandenunterricht angeboten, der den Fragen und Möglichkeiten 12- bis 15jähriger Jugendlicher entspricht.[15] Gleichzeitig wird der Konfirmandenunterricht als Ort entdeckt, an dem statt der »Pastorenkirche« als »Einmannbetrieb« eine Kirche als Gemeinschaft mündiger Christen praktiziert und erprobt werden kann. Das geschieht etwa, wenn der Konfirmandenunterricht im Team vorbereitet und durchgeführt wird oder im Gemeinschaftserlebnis von Konfirmanden-

freizeiten und -fahrten oder auch bei sozialen Praktika innerhalb der Gemeinde mit Kindern, Alten, Kranken oder Ausländern sowie bei bestimmten Gemeindeprojekten. Im Unterricht überwiegen Elemente der Gruppenpädagogik und Reformdidaktik gegenüber den sonst üblichen schulischen Lernformen. Der Konfirmandenunterricht wird zur Jugendarbeit hin geöffnet, will die Konfirmanden für Jugendgruppen interessieren und ihnen gleichzeitig den Eindruck vermitteln, daß ihre eigenen Sinnfragen in der Gemeinschaft der Gleichaltrigen in der Gemeinde glaubwürdig beantwortet werden. Pfarrer, kirchliche Mitarbeiter und ehrenamtliche Helfer verstehen sich vorwiegend als Begleiter der Jugendlichen, mit denen sie im gemeinsamen Lehren und Lernen unterwegs sind. Die Konfirmation ist dabei nicht Abschluß, sondern eine hervorgehobene »Durchgangsstation«, sie ist ein »Segen auf dem Wege«, eine Art »Reise«.

Die erste EKD-Umfrage von 1974 zur Frage »Wie stabil ist die Kirche?« ergab, daß Konfirmandenunterricht und Konfirmation eine erstaunlich positive Resonanz haben und demnach ein wichtiges Element zur Stabilisierung der Volkskirche zu sein scheinen, da fast alle evangelischen Christen auf diesem Weg den größten Teil ihrer kirchlichen Sozialisation empfangen haben. Dieses positive Ergebnis wurde durch die EKD-Umfrage von 1984 zur Frage »Was wird aus der Kirche?« wiederholt und bestätigt: 72 % der Befragten hatten den Pfarrer, der den Konfirmandenunterricht erteilte, in positiver Erinnerung; 61 % fanden den Konfirmandenunterricht ganz interessant, 57 % haben ihn gern besucht, und 53 % erinnern sich gern an gemeinsame Gruppenunternehmungen. 50 % erfuhren im Konfirmandenunterricht, »was es heißt, ein Christ zu sein«, 46 % lernten, »was heute noch wichtig für mich ist«, und nur 19 % hielten den Unterricht »für vertane Zeit«; 29 % meinten, daß sie etwas glauben sollten, was sie nicht verstehen konnten, und für 23 % hatte der Konfirmandenunterricht keine Bedeutung.

Auffällig ist in diesem Zusammenhang, daß die positiven Beurteilungen bei den 14- bis 24jährigen, die den Konfirmandenunterricht noch nicht lange hinter sich haben, in fast allen Bereichen deutlich niedriger liegen – ausgenommen die Erinnerungen an gemeinsame Gruppenerlebnisse. Nur 27 % der Jüngeren haben im Unterricht gelernt, was ihnen heute noch wichtig erscheint, jeweils 34 % meinten, sie sollten im Konfirmandenunterricht etwas glauben, was sie nicht verstehen konn-

ten und der Unterricht hätte für sie keine Bedeutung gehabt; immerhin 27% hielten ihn für verlorene Zeit. Verschiebt sich mit wachsendem Abstand vom Konfirmandenunterricht das Erinnerungsbild an ihn? Oder sind heutige Jugendliche kritischer und weniger bereit, eine kirchliche Prägung anzunehmen und positiv zu beurteilen?
Eine interessante Untersuchung über den Zusammenhang zwischen der Beurteilung des Konfirmandenunterrichts und die Austrittsneigung der Befragten ergab, daß weder die positive Erinnerung an Pfarrer, Konfirmandenunterricht oder an die Gruppe Menschen vor der Austrittsneigung oder vor dem Entschluß zum Austritt bewahren. Eine außerordentlich geringe Neigung zum Austritt findet sich allerdings bei denen, die angaben, gelernt zu haben, »was es heißt, Christ zu sein«, was »für mich heute noch wichtig ist«, und »was die Kirche Wichtiges und Gutes tut«.[16] »Man wird sich klarmachen müssen, daß der Konfirmandenunterricht seine kirchlichen Lernziele – Einführung in christliche Lehre und Lebensformen, Einsicht in die Bedeutung der Kirchenzugehörigkeit, Aufbau dauerhafter Identifikationen mit der Kirche – offenbar nur halb erreicht. Die sozialen Faktoren, wenn man so will: die Beziehungsebene – in bezug auf den Pastor, die Mitkonfirmanden – drängt in der Wahrnehmung und Erinnerung die Sachebene, Themen und Inhalte, zurück.«[17]
Daraus lassen sich immerhin Folgerungen ableiten für Inhalt und Form des Konfirmandenunterrichts. Ein bloß allgemeiner »freundlicher Eindruck«, eine positive Erinnerung führt nicht zu einer »verstehenden und persönlich übernommenen Zugehörigkeit zur Kirche«.[18] Nun darf zwar die Erhaltung der Kirchenmitgliedschaft bzw. das Verhindern des Austritts nicht das allein ausschlaggebende Kriterium für die Gestaltung des Konfirmandenunterrichts sein. Eine allgemeine Zustimmung zur volkskirchlichen Praxis muß nicht ohne weiteres dem Auftrag des Evangeliums entsprechen. Zu bejahen sind aber auch und gerade vom christlichen Auftrag her die Aussagen, daß Menschen ihre Zugehörigkeit zur Kirche in Verbindung bringen mit der Einsicht, was es heißt, Christ zu sein, was der Glaube heute noch für sie bedeutet und was die Kirche Wichtiges und Gutes tut. Hier wird ja gerade nicht die Mitgliedschaft auf traditionelle Weise begründet, hier haben Menschen eine bewußte Position gegenüber dem christlichen Glauben bezogen und sind nicht mehr Mitglied der Kirche, weil es »so üblich war oder ist«,

sondern weil sie eine persönliche Entscheidung für ihre Zugehörigkeit zur Kirche getroffen haben.

Versucht man, unter diesem Gesichtspunkt die drei verschiedenen Konzeptionen von Konfirmandenunterricht/Konfirmation zu beurteilen, so wird deutlich, daß das traditionelle Modell eines Katechismus-Unterrichts heutigen Konfirmanden nicht mehr vermittelt, was es heißt, Christ zu sein oder worin der Auftrag der Kirche für die Menschen besteht, »was heute noch für mich gilt«. Die bloße Wiederholung von »Lernstoff« in einer für die Konfirmanden meist schwierigen oder unverständlichen Sprache führt gerade nicht dazu, daß sie in ihrer eigenen Sprache ausdrücken lernen, was der Glaube für ihr Leben bedeutet, wo er ihnen einleuchtet, wie und wo sie sich kritisch mit ihm auseinandersetzen möchten und wo ihnen eine Gemeinschaft des Glaubens begegnet. Mag auch ein Pfarrer – wie in dem anfangs geschilderten Beispiel – persönlich freundlich sein und durchaus eine positive Erinnerung bei den Konfirmanden hinterlassen – auf keinen Fall erhalten Jugendliche in einem solchen Unterricht einen Zugang zu Kirche und Glaube, mit dem sie sich identifizieren können, der sie »auskunftsfähig« macht über ihren Glauben, der ihnen eine Antwort ermöglicht auf die Frage, warum sie sich zum christlichen Glauben bekennen und Mitglieder der Kirche sind. Eine lose Sympathie für Pfarrer oder Konfirmandengruppe reicht für eine bewußte – oder auch nur halbbewußte – Zugehörigkeit zur Kirche nicht mehr aus.

Allerdings sind gerade die Anhänger eines traditionellen Katechismus-Unterrichts in ihrer Überzeugung am wenigsten zu beeinflussen. Nachprüfbarer Lernstoff, »geheiligte Wahrheiten«, »die Grundlagen des Glaubens« und die »Errungenschaften der Reformation« bilden ein in sich geschlossenes System. Der Widerstand der Konfirmanden und ihr fast spurloses Verschwinden aus der Gemeinde nach der Konfirmation werden häufig als unabwendbares Schicksal betrachtet oder sogar als Ausdruck dafür, daß »das Trachten des menschlichen Herzens böse ist von Jugend auf«. Ein bestimmtes religiös überhöhtes Ordnungsdenken ist hier an die Stelle der christlichen Botschaft getreten oder hat sie so weit eingefärbt, daß die befreiende Kraft dieser Botschaft Konfirmanden kaum noch erreicht.

Da Jesus Menschen rückhaltlos und ohne Vorbedingungen annahm, läßt sich in seiner Nachfolge wohl nur ein Unterrichts- und Konfirmationsmodell vertreten, bei dem sich die Konfirmanden ernstgenommen und akzeptiert fühlen, bei dem sie – im Unterschied zum häufig belastenden Leistungsdruck der Schule – zu freiwilligen Leistungen motiviert werden und bei dem ihnen auch bestimmte ganzheitliche Lebenserfahrungen ermöglicht werden, die etwas mit der Sinnfrage zu tun haben, die sonst so häufig ausgeklammert wird. Wichtig ist, daß auch und gerade ein jugendgemäßer Unterricht – wie er etwa mit dem dritten Modell skizziert worden ist – klare Informationen und überschaubare Unterrichtsinhalte enthält und nicht nur »Diskussionsstoff«. Grundlage jeder Diskussion muß ein bestimmtes Wissen sein, das zwar nicht durchgängig auswendig gelernt werden aber auf jeden Fall angeeignet werden muß.

Sicher ist die Methode des Auswendiglernens unverzichtbar, wenn es um Kernstücke des Glaubens geht (z. B. Vaterunser, Glaubensbekenntnis, die Zehn Gebote, Liebesgebot, Taufbefehl, Einsetzungsworte des Abendmahls usw.). Aber auch und gerade im Konfirmandenunterricht sollten die Erkenntnisse der Lernpsychologie auch zu anderen und wirksameren Methoden der Vermittlung von Unterrichtsinhalten führen, die zudem wesentlich geeigneter sind, Konfirmanden zu motivieren. Denn der Mensch – speziell der Jugendliche – nimmt auf: 10 % dessen, was er liest; 20 % dessen, was er hört; 30 % dessen, was er sieht; 40 % dessen, was er hört und sieht; 60 % dessen, was er hört, sieht und diskutiert; 80 % dessen, was er durch eigenes Suchen und Verarbeiten entdeckt und erlebt.

Es gehört zur Struktur des Glaubens, daß er nicht durch Lehrsätze zum persönlichen Besitz und zur eigenen Überzeugung wird, sondern nur in Gleichnis und Bekenntnis überliefert und angeeignet wird. Wo Menschen an Gott glauben, werden ihnen Erlebnisse und Ereignisse des menschlichen Lebens zu Zeichen für das Reich Gottes, die Gegenwart Gottes und die Liebe Gottes. Dies läßt sich am Beispiel biblischer Geschichten entdecken, es läßt sich aber auch durch heutige Erfahrungen bezeugen. Gerade biblische Geschichten eignen sich besonders für jene pädagogischen Erfahrungen, die ein hohes Maß an Aneignung durch Jugendliche versprechen. Das Lesen einer biblischen Erzählung bringt – auch bei gleichzeitigem »Besprechen« – den Jugendlichen den Inhalt meist nur flüchtig nahe. Wird aber z. B. der Anfang einer solchen Geschichte erzählt und die Jugendlichen erhalten die Aufgabe, den Schluß selbst zu schreiben, so versetzen sie sich durch eigenes Suchen und Entdecken in die Geschichte hinein, wenn sie dann den »Originalschluß«

erfahren, leuchtet er ihnen meist stärker ein; auf jeden Fall zeigen »Lernkontrollen«, daß sie ihn auch nach längerer Zeit noch fast wörtlich behalten haben. Die Darstellung eines offenen Endes oder auch einer ganzen Erzählung durch ein Rollenspiel hat eine ähnliche Wirkung. »Glaubenswahrheiten« leuchten Jugendlichen dann am meisten ein, wenn sie alle Bereiche ihres Lebens einbeziehen, also kreative Fähigkeiten, persönliches (soziales) Engagement, Gruppenaktionen genauso wie verstandesmäßige Argumente, die als nachprüfbare oder ablesbare Ergebnisse formuliert und gesammelt werden können. Denn genauso wie Jugendliche kreative Arbeitsformen bejahen, verlangen sie auch nach klaren Aussagen, Fakten und Erkenntnissen.

Wenn Jugendlichen Glaube und Kirche auf diese Weise nahegebracht wird, wenn sie spüren, daß dies etwas mit ihrem persönlichen Leben zu tun hat, können sie durchaus »missionarisch« tätig werden – im Bereich der Familie, der Freunde oder auch der Gemeinde. Die insgesamt positiv-freundliche Grundeinstellung gegenüber dem Konfirmandenunterricht bietet eine gute Voraussetzung dafür, daß hier der Glaube – in neuer Form und mit anderen Voraussetzungen als bei den Eltern und Großeltern – in die nächste Generation weitergegeben wird. Es bedarf allerdings sicher vieler Anstrengungen – vor allem im Bereich der Aus- und Fortbildung bei Pfarrern und kirchlichen Mitarbeitern –, wenn die Konfirmanden durch Unterricht und Konfirmation tatsächlich zu auskunftsfähigen und mündigen Christen werden sollen.

Alle Überlegungen im Hinblick auf eine Reform des Konfirmandenunterrichts werden jedoch bei der Gestaltung des Konfirmationsgottesdienstes kaum berücksichtigt. »Die Form des Konfirmationsgottesdienstes lehnt sich in der Regel an die Agende an: etwa 50 % der Befragten (Pfarrer) folgen der agendarischen Form, weitere 26 % verwenden eine Form, die sich an die Agende anlehnt, nur 9 % haben eigene Formen entwickelt.«[19] Dies war das Ergebnis einer Untersuchung in einem Teil der Hannoverschen Landeskirche, und ähnlich sieht es vermutlich auch in allen anderen Landeskirchen aus. Diese Vorlage der Agende setzt ein Konfirmationsverständnis voraus, in dem der Traditionsabbruch der Volkskirche nicht berücksichtigt ist.

Der subjektive Eindruck des anfangs geschilderten Konfirmanden Michael von der Langatmigkeit des Gottesdienstes hat also sozusagen eine leicht nachvollziehbare Ursache, weil all das, was in dieser traditionell überlieferten Form des Konfirmationsgottesdienstes vorkommt, mit der Lebenswirklichkeit der Konfirmanden und ihrer meist nur sehr reduzierten religiösen Erziehung wenig zu tun hat. Trotz des vorausgehenden Unterrichts erscheint ihnen deshalb vieles fremd, z.B. die bewußte Bestätigung des Taufversprechens, das Glaubensbekenntnis, die Konfirmationsfrage oder das Gelöbnis mit der Aufforderung, mit der Kirche zu leben und sich an »Wort und Sakrament« zu halten, die Aufnahme in die volle Mitgliedschaft und die Mitverantwortung der Gemeinde, vollzogen durch die Teilnahme am Abendmahl.[20]

Aus jahrelanger eigener Praxis und vielfältige Beobachtung von Konfirmationen im näheren und weiteren Umkreis stellt ein Pfarrer und Religionspädagoge fest, daß die Lebenssituation der an Christentum und Kirche zweifelnden Jugendlichen nicht ernstgenommen wird, wenn ihnen in der einen oder anderen Form ein Gelübde oder Bekenntnis abverlangt wird: »Ein hoher Prozentsatz der Konfirmanden sieht sich nicht in der Lage, aus subjektiver Überzeugung ein Ja zu einem traditionellen oder auch neuformulierten christlichen Bekenntnis zu sprechen.«[21] Aufgrund seiner Erfahrungen mit der volkskirchlichen Realität und den nicht-theologischen Faktoren der Konfirmation kommt er zu der Folgerung: »Da eine prägende religiöse Sozialisation für die meisten Jugendlichen nicht vorausgesetzt werden kann, halte ich es für fragwürdig, ja ideologisch, am sakramentalen Motiv (Bestätigung der Taufe durch Bekenntnis und Gelübde)... festzuhalten.«

Aus dem gleichen Grund wird auch das sogenannte »ekklesiologische Motiv« (Aufnahme in die Gemeinde der Erwachsenen, dokumentiert durch die Feier des Abendmahls) abgelehnt.

Unverzichtbar dagegen erscheint ihm das »katechetische Motiv«, d.h. der inhaltliche Zusammenhang zwischen dem Konfirmandenunterricht und der Konfirmation. »Die aktive Rolle des Jugendlichen im Lernprozeß, die Ergebnisse ihres erfahrungsbezogenen Lernens; ihre kritische Auseinandersetzung mit kirchlicher Tradition; ihre Erfahrungen, als Jugendliche ernstgenommen zu werden – all diese Momente der Konfirmandenarbeit müssen auch im Konfirmationsgottesdienst ihren Niederschlag finden. Andernfalls kann diese Feier Jugendlichen unglaubwürdig erscheinen.«[22]

Diese mutige These eines erfahrenen Theologen und Pädagogen stimmt überein mit den Erfahrungen, die vor allem die Konfirmanden, aber zum Teil auch ihre Angehörigen im Konfirmationsgottesdienst machen. Das Beispiel vom Konfirmanden Michael zeigt, daß er diesen Gottesdienst nicht so empfindet, als ständen die Konfirmanden – wie angekündigt – im Mittelpunkt, sondern als würde ein fremdes Ritual an ihnen vollzogen. Es erregt zwar teilweise auch bei den Konfirmanden Interesse, stärker aber geht es »über ihre Köpfe hinweg«. Nur vordergründig ist es die Länge, die ihnen den Gottesdienst lang-weilig erscheinen läßt – nehmen doch Jugendliche dieser Altersstufe mit hohem Interesse teil an z. B. langen Friedensgebeten und -aktionen, ohne deren Länge zu bemerken. Die Wirkung der Langeweile geht vor allem zurück auf das Problem der »leeren Worte«, d. h. auf Aussagen, die für die Jugendlichen weder mit ihren Erfahrungen noch mit ihren Überzeugungen übereinstimmen oder in Verbindung zu bringen sind, die nicht weg-weisend für sie sind, sondern eher abweisend, wenig einladend. Viele Konfirmanden lassen solche Worte »über sich ergehen«, passiv und unbeteiligt, da ihre Mitwirkung bei der Gestaltung des Gottesdienstes gar nicht gefragt war.

Der Unterricht, den der Konfirmand Michael erhalten hat, ist sicher überwiegend dem Typus des althergebrachten Katechismusunterrichts zuzurechnen, und insofern entspricht die traditionelle Form des Konfirmationsgottesdienstes dieser Form des Unterrichts. Trotzdem hinterläßt der Unterricht für Michael einen wesentlich positiveren Eindruck als der Gottesdienst, er bleibt für ihn noch menschlich und verständlich, während der Gottesdienst für ihn ein abgehobenes und fremdes Geschehen ist.

Um so auffälliger ist es, wenn Pfarrer, die ein eher jugendbezogenes Modell verwirklichen, dann den Konfirmationsgottesdienst ebenfalls nach traditionellem Muster abhalten, ohne die Konfirmanden durch deren Mitwirkung oder wenigstens durch einen für sie verständlichen Gottesdienst an diesem wichtigen Akt zu beteiligen oder teilnehmen zu lassen. Nur selten dürfen die Konfirmanden Lieder und Gebete auswählen, nur selten wendet sich der Pfarrer in seiner Ansprache wirklich an die Konfirmanden und nimmt auf ihre Erwartungen Rücksicht – auch im Hinblick auf die Länge der Predigt.

Zwar empfinden die Konfirmanden – und vor allem deren Angehörige – den Gottesdienst als »feierlich« und wie eine unabänderliche Zeremonie, die nun einmal so und nicht anders ablaufen hat. Es läßt sich aber umgekehrt feststellen, daß die Konfirmanden – wo sie tatsächlich aktiv beteiligt sind und auch ihre Wünsche und Vorstellungen im Gottesdienst berücksichtigt werden – diesen Gottesdienst dann weitgehend als »ihren« Gottesdienst betrachten und als persönliches Erlebnis empfinden, sich in ihm wohl fühlen. Gerade in diesem Bereich müßte noch viel stärker umgesetzt werden, daß das Evangelium eine adressierte Botschaft ist, die in den Konfirmanden durchaus aktive und engagierte Adressaten findet, wenn sie als Beteiligte oder auch nur als Zuhörer ernstgenommen werden. Eine Ansammlung von traditionellen und sprachlich nur schwer verständlichen Texten hinterläßt bei 14jährigen meist nur den Wunsch, einen solchen Gottesdienst so bald nicht wieder zu besuchen, deshalb erreichen Gottesdienste dieser Art bei Jugendlichen das Gegenteil dessen, was sie anstreben. Wird der Konfirmationsgottesdienst dagegen mit ihnen gemeinsam vorbereitet und gestaltet, so kann er eine Beziehung bekommen zu Sinn und Aufgaben ihres Lebens und sie zu weiterem Engagement für Glaube und Kirche ermutigen.

Anmerkungen

1 Was wird aus der Kirche? Gütersloh 1984, S. 104
2 Confirmatio – Forschungen zur Geschichte und Praxis der Konfirmation, hrsg. von K. Frör, München 1959, S. 16
3 a. a. O. S. 18ff.
4 a. a. O. S. 24f.
5 a. a. O. S. 29ff.
6 a. a. O. S. 42
7 a. a. O. S. 44
8 a. a. O. S. 45
9 W. Caspary, Die evangelische Konfirmation vornämlich in der lutherischen Kirche, Erlangen/Leipzig 1890, S. 102
10 a. a. O. S. 94ff.
11 a. a. O. S. 96ff.
12 a. a. O. S. 102
13 a. a. O. S. 105f.
14 a. a. O. S. 70
15 Zum folgenden vgl. H. Frickel, Präparanden- und Konfirmandenunterricht, in: Handbuch der Praktischen Theologie, Band 3, Gütersloh 1983, S. 349ff.

16 Was wird aus der Kirche? S. 178 ff.
17 a. a. O. S. 179
18 a. a. O. S. 180
19 W. Flemmig, I. Lukatis, Zwischenbilanz: Konfirmandenunterricht, Loccum 1978, S. 25
20 Abfolge nach dem Evangelischen Erwachsenenkatechismus, hrsg. von W. Jentsch u. a., Gütersloh 1975, S. 1100
21 H. W. Grosse, Zur Gestaltung von Konfirmationsgottesdiensten, Pastoraltheologie, S. 231
22 Grosse, a. a. O. S. 233

4. »Bis daß der Tod euch scheidet« – immer weniger Paare vor dem Traualtar

Gespräch eines Paares vor der Hochzeit

Wolfgang: Muß das denn sein – auch noch eine kirchliche Trauung? Ich habe seit der Konfirmation nichts mehr mit der Kirche zu tun gehabt, mir kommt das alles fremd vor. Wieder so eine kirchliche Handlung, von der man nur die Hälfte versteht.
Andrea: Denk doch an Mutti, für sie ist das der Höhepunkt der ganzen Hochzeit. Deine Eltern wären auch enttäuscht, wenn wir nicht kirchlich heiraten. Und deine Großmutter würde es erst recht nicht verstehen.
Wolfgang: Heiraten wir oder unsere Eltern? Erst wollten wir überhaupt nicht heiraten – auch da gab es den sanften Druck der ganzen Verwandtschaft. Kaum haben wir uns dazu entschlossen, soll das nun auch noch kirchlich abgesegnet werden.
Andrea: Was hast du gegen die kirchliche Trauung? Wenn wir schon heiraten, dann finde ich es viel ernster und feierlicher, ein Gelöbnis in der Kirche abzulegen.
Wolfgang: Fängst du auch noch an mit dem »Bund fürs Leben«? Hätte ich mich bloß nicht auf diese Hochzeit eingelassen. Da soll nun auch noch der liebe Gott als Zeuge bemüht werden dafür, daß wir uns auch in Zukunft noch mögen. Geht es nicht auch eine Nummer kleiner? Mir kommt es vor, als ginge es gar nicht mehr um uns beide, sondern als würden wir in ein vorgefertigtes Muster eingepaßt, damit uns dann so ein Stempel aufgedrückt wird: »Staatlich und kirchlich genehmigt.«
Andrea: Es geht doch um ein Versprechen, das wir beide uns vor Gott geben. Für mich wäre die Kirche dabei wichtiger als das Standesamt. Einen Segen für die Zukunft brauchen wir – man weiß nie, was kommt.
Wolfgang: Jetzt erscheint es mir schon beinahe wie eine religiöse Rückversicherung. Das ist doch alles nur eine trügerische Vorstellung. Hör mal, du bist doch auch nur selten in der Kirche

gewesen seit der Konfirmation. Warum sollten wir denn bei der Hochzeit plötzlich fromm werden?
Andrea: So selten war ich nun auch wieder nicht in der Kirche. Jedenfalls bin ich nach der Konfirmation noch eine ganze Weile in eine kirchliche Jugendgruppe gegangen. Später hatte ich dann nicht mehr so viel Zeit, weil wir uns kennengelernt hatten, die Kirche bedeutet mir aber etwas – wahrscheinlich mehr als dir. Unser Pfarrer hat uns damals gut verstanden, er könnte uns vielleicht trauen.
Wolfgang: Für mich ist das im Augenblick alles noch etwas zu viel Trauung. Wir können es uns ja noch überlegen.

Dieses Gespräch eines Paares vor der Hochzeit enthält einige der verschiedenen möglichen Argumente gegen eine kirchliche Trauung, die für die Einstellung der jüngeren mittleren Generation bezeichnend sind. Die 18- bis 35jährigen leben meist in einer gewissen Distanz gegenüber der Kirche und haben öfter Vorbehalte gegenüber allen kirchlichen Traditionen. Die letzte EKD-Umfrage ergab, daß in der Gruppe der 25- bis 34jährigen in den letzten zehn Jahren die Neigung zum Kirchenaustritt von 23% auf 37% gestiegen ist! Diese schnell wachsende Kirchenferne ist auch abzulesen an einem starken Rückgang der kirchlichen Trauungen. Von 100 Ehepaaren mit mindestens einem evangelischen Partner wurden 1963 noch 86% evangelisch getraut, 1979 waren es noch 69%, 1983 nur noch 44%. In den Großstädten verlief die Entwicklung noch drastischer, zum Beispiel in Berlin: 1963 wurden noch 49% der Paare kirchlich getraut, 1979 33% und 1982 ca. 15%. Aus einem »Regelfall« ist also in den Großstädten bereits eine Ausnahme geworden, während die kirchliche Trauung in ländlichen und kleinstädtischen Gebieten noch »üblich« ist.
Für die Ablehnung der kirchlichen Trauung spielt zunächst eine allgemeine Ablehnung des Institutionellen eine Rolle. Vor allem in den Großstädten leben viele Paare langjährig unverheiratet zusammen. So wie es der männliche Partner in dem Gespräch am Anfang schildert: Wenn schon durch die Eheschließung der Schritt in einen neuen Status erfolgt, dann nicht auch noch ein zusätzlicher kirchlicher Ritus, der diese Handlung kirchlich absegnet. Vor einer doppelten institutionellen Bindung gibt es eine gewisse Schwellenangst.
Für viele Heiratswillige ist die Entscheidung gegen eine kirchliche Trauung auch Ausdruck einer gewissen Eigenständigkeit

und Konsequenz. Sie sind zwar noch fast alle konfirmiert worden, haben aber meist danach kaum noch Kontakt zur Kirche gehabt und empfinden deshalb eine kirchliche Trauung als inkonsequent. Wenn einer der beiden Partner eine weniger distanzierte Haltung zur Kirche einnimmt, wird der andere manchmal zur kirchlichen Trauung »überredet«, vermutlich ebenso oft endet eine solche Diskussion aber wohl auch mit dem Verzicht auf die kirchliche Hochzeit. Bezeichnend für viele solche Gespräche – wie auch in dem hier wiedergegebenen – ist es, daß der Wunsch nach einer kirchlichen Trauung von dem »kirchlich eingestellten« Partner zunächst im Bereich der Sekundärmotivationen begründet wird (Eltern, Verwandte, Tradition), während der persönliche Glaube nur sehr verhalten und erst an letzter Stelle – wenn überhaupt – angesprochen wird. Selbst in Traugesprächen gestehen viele Paare ein, daß sie selten über Glaubensfragen sprechen und eine gewisse Scheu haben, ihre persönlichen Glaubensüberzeugungen zu bekennen. Wo ein Partner sich von vornherein ablehnend verhält, nimmt die Scheu bei dem anderen verständlicherweise noch zu, so daß wahrscheinlich mehr Partnern die kirchliche Trauung »ausgeredet« wird, als daß umgekehrt der kritische Partner dafür gewonnen wird. Daß auf diese Weise die Sprachlosigkeit in Glaubensfragen ständig zunimmt, versteht sich nahezu von selbst. Es ist vor allem in Großstädten eben keineswegs mehr üblich, kirchlich zu heiraten, und es gibt unter den Angehörigen einer bestimmten Altersgruppe auch so etwas wie den Einfluß einer Mehrheitsmeinung bis hin zur Tabuisierung dieser kirchlichen Handlung.

Wenn eine kirchliche Trauung von beiden Partnern bejaht und gewünscht wird, bedeutet dies allerdings keineswegs schon so etwas wie ein bewußtes christliches Bekenntnis, sondern auch und gerade in der Großstadt gibt es die unterschiedlichsten Motive für den Gang zum Traualtar. Die familiäre Tradition beider Familien – die von manchen Paaren nahezu unreflektiert übernommen wird – spielt dabei häufig eine Rolle; manchmal gibt es den Wunsch nach einem kirchlich überhöhten feierlichen Spektakel mit heidnisch-abergläubischen Zügen, manchmal möchten beide Partner auch tatsächlich zu Beginn ihrer Ehe eine bewußte Bekenntnishandlung als Ausdruck ihres gemeinsamen Glaubens.

Im Verlauf von wenigen Wochen wurden in einer Gemeinde mehrere Paare getraut. Bei dem ersten Paar gehörten beide noch sehr junge Partner einem »Teddy-Club« an (»Leben im Stil der 50er Jahre«), sie fanden die Trauung in der Kirche »irgendwie stilvoll«, erschienen mit großem Gefolge im Look der Elvis-Presley-Ära, hatten noch nie etwas von einem Choral oder Bibelvers gehört und fanden auch beides nebensächlich, am liebsten hätten sie nur einen Beatles-Titel während der Feier gesungen. Die Partner eines zweiten Paares hatten einen ausführlichen Brief zur Auswahl ihres Trauspruchs geschrieben, bestimmte Kirchenlieder ausgewählt und im Traugespräch versucht, ihre Einstellung zu einer christlichen Ehe zu formulieren. Die Partner eines dritten Paares waren noch sehr jung, die ganze Hochzeitsfeier wurde von beiden Elternpaaren vorbereitet mit Bonbonregen vor der Kirche, hupenden Hochzeitsfahrzeugen mit weißen Bändern und weiteren »Sondereinlagen« dieser Art. Die Partner eines vierten Paares hatten kaum darüber nachgedacht, warum sie eine kirchliche Trauung wollten: »Das war für uns immer ganz selbstverständlich.« »Kirchgänger« waren sie nicht, wie sie im Gespräch mit dem Pfarrer betonten, um sich von vornherein von einem falschen Verdacht zu befreien! Der Seltenheitswert kirchlicher Trauungen führt bei den Pfarrern aus verschiedenen Gründen keineswegs zu einer wachsenden Hochschätzung dieser Handlung, sondern viele Pfarrer fühlen sich unter dem Druck eines vorher längst festgelegten feierlichen Rahmens am häufigsten als »Zeremonienmeister« mißbraucht.

Hinzu kommt, daß die Trauung die einzige kirchliche Amtshandlung ist, die – zumindest in der jetzigen Form – keinen neuen Status herstellt, sondern das bereits getraute Paar noch einmal zu einem Versprechen auffordert, das vor dem Standesamt längst stattgefunden hat. Wenn kirchliche Amtshandlungen ihrem Wesen nach Übergangsrituale sind, »rites de passages«, dann ist die Trauung kein echtes Übergangsritual mehr, weil dieser Übergang vor dem Beginn der kirchlichen Handlung bereits per Bescheinigung nachgewiesen werden muß, damit überhaupt eine kirchliche Trauung stattfinden kann. Der Ungetaufte wird durch die Taufe zum Getauften, der »unmündige Christ« wird durch die Konfirmation zum »mündigen Christen« mit allen Rechten ausgestattet. Die in die Kirche kommenden Heiratswilligen aber sind vorher schon verheiratet, wenn von ihnen nochmals das Ja-Wort erfragt wird – diesmal allerdings vor Gott und der christlichen Gemeinde, die kirchliche Handlung wird aber dadurch zu einem nachträglichen, angehängten Akt, zu einer »Absegnung« der bereits erfolgten Eheschließung –, auch dies trägt sicher zu der Entwertung oder sogar Entbehrlichkeit dieser Handlung bei.

Von den geschilderten Vorbedingungen her ergibt sich, wie schwierig die Aufgabe der kirchlichen Trauung ist. »... Bei der Trauung herrscht Unsicherheit: Was erwartet das Brautpaar? Ist hier wirklich Hilfe nötig? Oder wird nur der Service des Zeremonienmeisters gesucht? Diese Fragen bewegen den Prediger, und seine Unsicherheit spiegelt sich in der gefühlsmäßigen Wirkung der Traurede wider: die Traurede hat kein ausgeprägtes Profil, sie liegt meist in der Mitte zwischen der allgemein-lehrhaften Predigt des Taufsakraments und der betont persönlich-solidarischen Beerdigungsansprache... Verbindet man diesen Eindruck mit der Feststellung, daß unter den häufiger vorkommenden inhaltlichen Aussagen individualistische Aussagen über die Liebe (46%), über Freude und Leid auf gemeinsamem Weg gegenüber den theologischen Aussagen überwiegen... dann kommt man zu dem Ergebnis: die Traurede ist die am stärksten säkularisierte Kasualrede.«[1]

Häufig geht es um den Status und die Entwicklungsgeschichte der Ehe in positiver Hinsicht (Glück, Geborgenheit, gemeinsamer Weg) oder in möglicher negativer Bedrohung (Sorgen, Opfer füreinander bringen u. a.). »Demnach werden also ziemlich viele Aussagen gemacht, die der... Lebenslage der Betroffenen Ausdruck zu verleihen versuchen; sie beziehen sich auf die Befindlichkeit der Brautleute, ohne diese jedoch wirklich zu treffen.« Diese Art der Traupredigt kommt ziemlich häufig vor – »vielleicht indirekt von den Hochzeitsgästen provoziert, weil durch die ›vielen schönen Worte‹ nur die gewünschte aktivisierende Ästhetisierung der Feier erreicht und gerade eine sonst möglicherweise angebrachte kritische Besinnung auf das christliche Eheverständnis oder die rauhe Lebenswirklichkeit verschleiernd verhindert wird.«[2]

Ausgeklammert werden beim Reden über Glück und Verantwortung fast immer Aussagen über die Rolle der Frau (13%), die Krise der Einehe (7%) und der Kleinfamilie (0%), über standesamtliche Trauung und Ehegesetze (9%), diese Bestandsaufnahme bestätigt, daß die Amtshandlung Trauung womöglich noch stärker privatisiert ist als andere Kasualhandlungen.[3] Im allgemeinen malen die Trauansprachen, die im Rahmen einer Inhaltsanalyse untersucht wurden, das Bild einer heilen Welt, auch einer heilen Ehewelt, und sprechen von

Glück und Geborgenheit, die allerdings von verschiedenen Bedrohungen gefährdet werden können, die es zu überwinden gilt. »Trotz des kritischen Ansatzes werden diese Predigttypen als Flucht vor der Realität empfunden; sie erwecken dort, wo das rosige Bild noch stärker dominiert, den Eindruck einer Verdrängung von Problemen. Sie beschwören die heile Ehe, sie klären, so aufgeklärt sie sich geben, nicht wirklich auf, und sie können darum auch schwerlich helfende Begleitung in Krisensituationen sein. ... So zeigt sich eine überraschende Parallele zwischen den mehr christlichen und den mehr ›human-weltlichen‹ Ansprachen: beide zielen auf die ›heile Ehe‹, und beide scheinen ein ähnliches heilsgeschichtliches Schema aufzuweisen: festliche Gegenwartsstimmung – Ausblick auf künftige Sorgen und Krisen – Überwindung der Sorgen und Krisen durch den Glauben bzw. durch humane Werte – Glück und Geborgenheit als Ziel.«[4]

Es scheint zunächst im Bereich dieser heute seltensten kirchlichen Amtshandlung für Pfarrer auch die wenigsten »Handlungsmöglichkeiten« zu geben. Die bereits »verheirateten« Paare werden noch einmal »kirchlich getraut«, alle Weichen sind gestellt, eine Entscheidung ist getroffen, die alle Zweifel und offenen Probleme zu lösen scheint und völlig in den Hintergrund rückt. Dennoch oder gerade deswegen sollten sich Traugespräch und Traurede nicht auf den Austausch von Informationen über die persönlichen Daten und Erfahrungen des Paares auf der einen Seite und den Ablauf des Trauritals auf der anderen Seite beschränken. Auch das Gespräch über eine »christliche Eheauffassung« spart jenen Bereich aus, in dem sich das Bestehen einer Partnerschaft später einmal entscheidet. Die kirchliche Trauung darf und sollte durchaus den Rahmen einer oberflächlichen Rahmenhandlung sprengen. Im Traugespräch gibt es ehrliche und nachdenkliche Äußerungen, wenn auch solche (bei Traureden üblicherweise ausgeklammerten) Fragen thematisiert werden: Warum haben Sie überhaupt den Wunsch zu heiraten – die Ehe ist doch heute nicht mehr selbstverständlich? Bejahen Sie eine standesamtliche Trauung, obwohl die heutigen Ehegesetze (Scheidungsgesetze) doch eher Angst vor einer solchen Bindung hervorrufen könnten? Wie sehen Sie Ihre Zukunft, wenn Sie sich Kinder wünschen und doch beide Ihre berufliche Selbständigkeit und Unabhängigkeit behalten wollen? Muß dann letztlich doch die Frau »zurückstecken«? Können Sie sich vorstellen, daß einer für den

anderen immer der einzige Partner sein wird? Wie stehen Sie zur lebenslangen Einehe bzw. zur Kleinfamilie?
Selbstverständlich geht es in Traugesprächen nicht um eine Serie solcher »provozierender« Fragen, sondern um gezielte Fragen an bestimmten Stellen eines Gespräches. Die Partner – und Gesprächspartner – antworten meist sehr offen und eher befreit auf Fragen dieser Art, die sie natürlich auch selbst haben, manchmal aber eher verdrängen. Es fallen dabei auch häufig »ungeschützte« Äußerungen, die die Art einer Beziehung charakterisieren und es dem Pfarrer leichtmachen, einen ganz persönlichen Zugang zu den Traupartnern zu finden.
Werden solche Fragen und Probleme vorher angesprochen, dann muß es in der Traurede nicht bei allgemeinen christlichen Ratschlägen und bei einer nachträglichen »Absegnung« der offiziellen Eheschließung bleiben. Dann können und sollten auch Fragen und nachdenkliche Überlegungen des Paares zur Sprache kommen, ohne daß die »Diskretion« gegenüber manchen persönlichen Äußerungen in einem lebhaften Traugespräch deshalb aufgegeben wird. Wenn solche Gedanken ohne Pessimismus hoffnungsvoll ausgesprochen werden, fühlen sich zukünftige Ehepartner eher entlastet und werden bei problematischen Erfahrungen vielleicht sich auch einmal wieder an den/die Pfarrer/in wenden.
Zum Problem der Lebensform Ehe, ihrer gesetzlichen Gestalt als Institution im Verhältnis zur kirchlichen Hochzeit soll hier nicht mehr im einzelnen Stellung genommen werden, da Helga Frisch diesem Thema ein eigenes Buch gewidmet hat.[5]
Daß die Betonung einer zwar angefochtenen, aber dennoch heilen Ehewelt bei kirchlichen Trauungen überwiegt, hängt aber auch damit zusammen, daß die Ehe immer noch gegenüber allen anderen Formen des Zusammenlebens als die letztlich einzig mögliche und sanktionierte angesehen wird. Selbst wo inzwischen eingestanden wird, daß es solche anderen Lebensformen als die Ehe gibt und daß sie nicht alle »verworfen« sein müssen, bleibt die Ehe das einzige »echte« Bekenntnis von Mann und Frau zueinander, demgegenüber voreheliche und außereheliche Partnerschaften und uneheliche Kinder abgewertet werden.
Selbst die letzte im Auftrag der Evangelischen Kirche Anfang 1986 verfaßte Stellungnahme zu Ehe und nichtehelicher Lebensgemeinschaft betont immer noch und wieder einmal, daß Menschen, die ohne Ehe zusammenleben, »damit Gottes An-

gebot und Gabe und deren Sinn mißverstehen«. Solche Formulierungen klingen eher nach der altbekannten moralisch-religiösen Bevormundung des Menschen als nach einer ernsthaften Auseinandersetzung mit frei gewählten Partnerschaften ohne Ehe.

Das voreheliche Zusammenleben von Mann und Frau gilt inzwischen als gesellschaftlich akzeptiert. Nun muß nicht jeder gesellschaftliche Konsens auch die Zustimmung der Kirche finden. Aber es überrascht doch, daß in der kirchlichen Stellungnahme jede »Ehe auf Probe« abgelehnt wird, es gilt nur der Ernstfall mit allen Konsequenzen. Wie aber soll ein so schwerwiegender Schritt in die Ehe getan werden, wenn Menschen einander nicht erst gründlich kennenlernen, Erfahrungen miteinander sammeln und ein Zusammenleben unter Alltagsbedingungen erproben können? Sollen Ehen blauäugig und naiv geschlossen werden, wie es zum Unglück beider Partner oft genug geschehen ist? Wie soll ein Gelöbnis auf Lebenszeit aussehen, wenn sich die Ehepartner nicht vorher ernsthaft geprüft haben?

Beinahe noch mehr Bedenken bringt die kirchliche Verlautbarung den Partnern entgegen, die eine Ehe nicht nur »aufschieben« bis zur Familiengründung, sondern sich ihr grundsätzlich verweigern. Nach allen Erfahrungen ist der Wunsch nach Treue und dauerhafter Zusammengehörigkeit bei der überwiegenden Mehrzahl aller Paare Voraussetzung ihres Zusammenlebens – unabhängig davon, ob sie nun den Schritt zu Standesamt und Traualtar tun oder nicht. Für die Kirche aber steht nicht diese christlich geprägte Gesinnung im Vordergrund, sondern sie warnt Paare, die sich einer »Daseinsordnung« entziehen, »die der Staat seiner Aufgabe gemäß auch ihnen angeboten hat«.

Wer die Zweisamkeit ohne institutionelle Verbindlichkeit wählt, dem fehlt – nach kirchlichem Urteil – auch eine verpflichtende »Zusage vor Gott und den Menschen«. Gleichzeitig werden aber solche Zusagen vor Gott und den Menschen durch kirchliche Segenshandlungen untersagt, wo das Ja des Standesbeamten nicht erfolgt ist, denn für das Zusammenleben von Mann und Frau gelten nach kirchlicher Auffassung staatlich verordnete Bedingungen und »die biblischen Weisungen«. Daß gerade diese »biblischen Weisungen« zur Ehe unterschiedlichste Ausprägung hatten und daß zum Beispiel die Mehrehe und Vielehe im Alten Testament als selbstverständlich geschildert wird, kommt dabei gar nicht mehr in den Blick. Daß selbst der

Ehebruch des Königs David zu dem von Gott gesegneten Nachfolger Salomo führte, widerspricht dann wohl »biblischen Weisungen«?
Wo eigentlich kommt die Kirche unter diesen Umständen noch in Kontakt mit Menschen, die langjährig ohne Ehe in Glück und Krisen zusammenleben und zusammenhalten? Und wie erklärt sich die Kirche die hohe Zahl an Ehescheidungen trotz lebenslänglicher Ehegelöbnisse? Es versteht sich beinahe von selbst, daß auch *die* Paare mit kirchlichem Segen nicht rechnen können, die aus Gründen der »Nützlichkeit« ohne Ehe leben, um eine Rente oder Pension oder andere Versorgungsansprüche nicht zu gefährden. Und erst recht vollkommen indiskutabel sind Lebensgemeinschaften zwischen gleichgeschlechtlichen Partnern, innerhalb von Wohngemeinschaften oder Beziehungen zwischen mehr als zwei Menschen. Ihnen allen bleibt nicht nur möglicher kirchlicher Segen vorenthalten, ihre Lebensform wird rundweg abgelehnt.
Jahrhunderte und Jahrtausende hindurch wurden innerhalb der Kirche im Hinblick auf die Ehe »fast ausschließlich die ›Tugenden‹ des Durchhaltens, Erleidens, Gehorchens und Erduldens, der Anpassung und Unterordnung sowie die Treue um (fast) jeden Preis vertreten – vor allem zu Lasten der Frau. Aber können nicht auch entgegengesetzte Auffassungen und Verhaltensweisen ›christliche Tugenden‹ sein? Offenheit, das Eingestehen von Irrtümern (auch bei der Partnerwahl), Initiative zum Aufbruch aus bedrückenden oder wenig beglückenden Verhältnissen, Betonung der Selbständigkeit beider Ehepartner, Liebesfähigkeit und Zärtlichkeit als Maßstab für die Beurteilung einer Partnerschaft? Dann würde nämlich auch jene ›doppelte Moral‹ hinfällig werden, die in der Verbindung von ›sozialer Treue‹ einerseits und häufig auch außerehelichen Beziehungen andererseits nur allzu oft praktiziert wird. Glückliche Ehepaare können durch solche Anfragen nicht verunsichert werden, unglückliche Ehepartner aber könnten sie vielleicht einen Anstoß geben, über ihre Ehe nachzudenken«.

Anmerkungen

1 K. H. Lütcke, Contentanalyse und Homiletik, in: Die Predigt bei Taufe, Trauung und Begräbnis, München 1973, S. 74f.
2 M. Schäfer, Bericht zu Anlage, Durchführung und Ergebnis der Contentanalyse, in: Die Predigt bei Taufe, Trauung und Begräbnis, München 1973, S. 47f.
3 Lütcke, a. a. O., S. 76
4 Lütcke, a. a. O., S. 77
5 H. Frisch, Ehe? Eine Pastorin plädiert für neue Formen der Partnerschaft, Frankfurt am Main 1983, S. 14f.

5. Kirche im Briefkasten – Gemeindeblätter für den Papierkorb?

Betrachtungen des kirchenfernen Lesers Alexander K.

»Einmal im Monat findet sich in meinem Briefkasten unter Post und Reklamesendungen der ›Petrus-Bote‹. Ich habe ihn nicht bestellt, aber auch nicht abbestellt: Ich denke, es würde mehr Mühe machen, mich auszulassen, als meinen Briefkasten zu beliefern wie alle anderen. Anfangs vermutete ich, daß ein mit dem Namen des Petrus versandter Bote mit dem Felsen katholischer Kirchengründung zu tun haben müßte. Aber die auf der letzten Seite eingerahmten Angaben des Impressums klärten mich auf. Das 4-Seiten-Blatt im DIN-A5-Format kommt von der evangelischen Petrus-Gemeinde, deren Kirche auf einem kleinen Platz in der Nähe die vierstöckigen Wohnzeilen knapp überragt.

Und ich bin offenbar eines von den ›lieben Gemeindegliedern‹, die auf dem Titelblatt im Briefstil angeredet werden. Ein ›Monatsspruch‹ wird dort erklärt mit dem Bibeltext, aus dem er stammt: Meistens werden wir Leser zum Schluß einer längeren Auslegung gefragt, ob wir nicht heute noch immer solche Erfahrungen machten wie irgendein Prophet oder Psalmdichter oder der Briefeschreiber Paulus. Aber ich gebe zu: Durch den Monat begleiten mich meist ganz andere Gedanken als diese frommen Spruchweisheiten.

Ab und zu schaue ich tatsächlich in den ›Petrus-Boten‹ hinein. Er enthält die Gottesdienstpläne mit den Namen der Pfarrer, die mir alle unbekannt sind – woher sollte ich sie auch kennen? Auch ›Bibelstunde‹ und ›Frauenhilfe‹ werden aufgeführt, einige Kinderkreise, der Kirchenchor und mehrere Seniorengruppen. Außerdem teilt mir der ›Bote‹ mit, wann Schwester Maria und Schwester Inge zu sprechen sind, wann das Gemeindebüro geöffnet ist, wo und wann man Konfirmanden anmelden kann, wann die Pfarrer und andere Mitarbeiter Sprechstunden haben.

Der ›Petrus-Bote‹ stellt für mich so etwas wie eine anonyme Verbindung zu meiner Gemeinde dar, er spielt eine Rolle für mein Verhältnis zur Kirche, bringt es sozusagen ins Lot und entlastet mein Gewissen. Ich bin kinderlos verheiratet, habe keinen Konfirmanden anzumelden, gehöre mit 46 Jahren noch nicht zur Seniorengruppe, und als Mann passe ich nicht in die Frauenhilfe. So etwas wie mich sieht die Kirchengemeinde nicht vor, ich kann mir also ganz beruhigt Monat für Monat sagen, daß ich dort nichts zu suchen habe und nichts verpasse – nicht einmal Gott, den ich einmal im Jahr in seiner Petruskirche besuche –: Weihnachten ist schließlich für alle da!«

So wie Alexander K. kommen wohl öfter kirchenferne Menschen mit dem Phänomen »Gemeindebrief« in Berührung. Aber mit einem distanzierten und kritischen Interesse entdecken sie darin meist kaum etwas, was ihre Aufmerksamkeit erregen oder sie zu ihrer Ortsgemeinde hinziehen könnte. Bei fast der Hälfte aller Gemeindeblätter bildet die sogenannte »Andacht« zum »Monatsspruch« den Lese-Einstieg auf der Titelseite. Auch für Kirchen-Eingeweihte ist durchaus nicht immer klar, was ein »Monatsspruch« ist, dessen Auslegung dort betrieben wird, viel weniger naturgemäß für Menschen, die nicht vertraut sind mit dem Ursprung solcher Texte. Fast immer schreibt ein Pfarrer diese »Andacht«, und sehr häufig ist sie nur an diejenigen gerichtet, von denen vermutet wird, daß sie auf festem Glaubensfundament stehen. Nur sehr selten wird der Versuch unternommen, jene theologische Aussage für »Außenstehende« zu erklären und interessant zu machen. Einen gewissen Überblick über die derzeitige Gestaltung der Gemeindebriefe verschaffte uns die ausführliche Analyse von 108 Gemeindeblättern aus fünf verschiedenen Landeskirchen und ca. 12 Kirchenkreisen. Soweit es sich im folgenden um statistische Angaben handelt, wird auf diese Untersuchung Bezug genommen.[1]
Im Gemeindeblatt einer süddeutschen Kleinstadt findet sich zum Beispiel auf der Titelseite folgende »Andacht«:
»›Gott hat mich gesandt, damit ich den Armen eine frohe Botschaft bringe und alle heile, deren Herz zerbrochen ist.‹ (Jesaja 61, 1) Liebe Gemeinde! Als Jesus sein Wirken auf Erden in seiner Heimatstadt Nazareth begann, hat er einmal in einer Synagoge dieses Jesajawort zitiert (Lukas 4, 21). Mit Spannung warteten damals seine Zuhörer auf die Auslegung bzw. Deutung dieser Verheißung. Er sagt: ›Heute, da ich hier vor euch

stehe, ist dieses Wort der Schrift von Gott erfüllt vor euren Augen und Ohren.‹ Wir stehen in der Adventszeit (d. h. Ankunft) des von Gott gesandten Heilandes. Auch bei uns möchte der Herr Jesus Einzug halten. Wir dürfen *IHM* unser zerbrochenes Herz bringen. *ER* hat versprochen, es zu heilen... Besinnen wir uns auf den, der bei einem jeden von uns einkehren will. Wenn wir uns *IHM* öffnen, kann es wahrhaft Weihnachten werden.«
So einfach erscheint das also in der Welt des Gemeindeblatts: Jesus hat seinerzeit Menschen davon überzeugt, daß durch ihn eine Verheißung Gottes erfüllt worden sei. Nun möchte er heute auch bei uns »Einzug halten«, unsere »zerbrochenen Herzen« heilen, wir müssen uns nur auf ihn besinnen. Aber die Notwendigkeit dieser Besinnung ist für niemanden einsichtig. Menschen wie Alexander K. haben im allgemeinen kein »zerbrochenes Herz«, suchen nicht »Heilung« oder »Trost«, sondern eine Aussage, die mit ihrer in der Regel zufriedenstellenden Situation zu tun hat und sie nicht von vornherein als »Sünder« disqualifiziert. Ihre Frage dürfte deshalb lauten: Wie könnte Jesus sich uns nähern, was könnte er überhaupt für uns bedeuten, wie würde sich das denn auf unser Leben auswirken?
Der Verfasser dieser Andacht lebt in einer »Welt des Glaubens«, die als ausgegrenzter Sonderbezirk wenig mit dem sonstigen Leben der Menschen zu tun hat. Es gibt eine »kirchliche Welt« neben der »normalen« Welt, wobei die »Andacht« im Gemeindeblatt davon ausgeht, daß die kirchliche Grundeinstellung von ihren Lesern übernommen werden müßte.
Eine ganz ähnliche Auffassung geht aus einer anderen »Andacht« hervor, die in einem Hamburger Gemeindeblatt steht: »›Lasset das Wort Christi reichlich unter euch wohnen mit seinem ganzen Reichtum.‹ (Kolosser, 3, 16) Vielfach erkennt man schon bei Jugendlichen, daß man in unserer gesellschaftlichen Umgebung mit der Kleidung auf dem neuesten Stand zu sein hat. Man trägt nicht nur irgendwelche Kleidung, sondern man trägt Kleidung mit Status-Symbolen... Unser christlicher Reichtum liegt nicht dort, wo die Motten ihn zerfressen können. Unser Reichtum liegt im Wort von der Vergebung Gottes und im Wort von der Liebe Christi. Das ist ein Reichtum, der keine Verspottung zuläßt. Das Wort Christi sollten wir gerade Jugendlichen nicht vorenthalten. Sonst laufen wir Gefahr, daß sie sich bei dem Wunsch, durch die Oberflächlichkeiten hindurchzustoßen, den Sekten zuwenden. Auch bei uns lauern die

Sektierer reihenweise gerade auf Menschen, die in Grenzsituationen ihres Lebens hineingeraten, ihnen kann man sich nur noch mit Christi Wort entgegenstellen.«

Aber worin besteht dieses »Wort«? Wer spricht es, und warum kommt es jungen Menschen so wenig anziehend und glaubwürdig vor? Das »Wort Gottes« wird wie eine programmatische Forderung angemahnt, nicht als eine Möglichkeit zum Leben beschrieben. Daß dies aber durchaus auch möglich ist, zeigt eine andere Andacht zum selben Monatsspruch: »Da, wo wir wohnen, möchten wir uns wohlfühlen. Unsere Wohnung richten wir so ein nach Möglichkeit, daß wir gern hier wohnen. Ich wünsche mir wie wohl auch Sie, daß unsere Wohnung nicht nur gut eingerichtet ist, sondern auch gut ausgerichtet, daß etwas von ihr ausgehen, ausstrahlen kann in die Umgebung, etwas, was die Menschen freut, was sie aufgeschlossen macht füreinander. Kurz, ich möchte, daß Leben ausgeht von meiner Wohnung. Ich weiß, dazu ist nötig, daß das Wort Christi mit seinem ganzen Reichtum bei uns wohnt, das Wort der Liebe und der Hoffnung...«

Auch hier ist zwar nicht ausführlich dargestellt, worin das »Wort Christi« besteht. Aber das im Monatsspruch gebrauchte Wort vom »Wohnen« wird in den Erfahrungsbereich heutiger Menschen übertragen. Der Pfarrer erzählt auch, wie es ihm persönlich in seiner neuen Wohn-Umgebung ergeht, er findet in der Gegenüberstellung von der »Einrichtung« und der »Ausrichtung« einer Wohnung den Zugang zum »Wohnen des Wortes Christi« unter uns, das zu einer bestimmten Ausrichtung des Lebens verhelfen kann. Solch einen Pfarrer und dessen Gemeinde kennenzulernen, mag manche Menschen interessieren, ob sie sich nun in ihrer Wohnung wohlfühlen oder nicht.

Natürlich gibt es in Gemeindeblättern nicht nur theologisch ausgerichtete Andachten, sondern auch Texte, die von allgemein menschlichen Erfahrungen sprechen und nahezu jeden biblischen Bezug vermissen lassen. »›Manchmal stehen wir auf, stehen wir zur Auferstehung auf/Mitten am Tage...‹. So beginnt ein Gedicht von Marie Louise Kaschnitz. Auferstehung mitten am Tage... das ist ein schöner Gedanke. Wie oft wünsche ich mir das, daß die vielen kleinen Einzelmomente meines Lebens mehr Bedeutung erhalten. In der Routine und unter der Last des Alltags erscheint das Leben schnell grau und sinnlos... Manchmal geschieht sie dann wirklich: die Auferstehung mitten am Tage. Es verändert sich etwas in mir. Ich kriege neue

Augen, um Menschen und Dinge um mich herum anzuschauen... Häufig ist es die Begegnung mit anderen Menschen, die mir eine solche Erfahrung schenkt. Aber auch durch einen Spaziergang, ein Gebet, ein Buch, ein Bild, ein Musikstück kann etwas in mir berührt werden, das mich auferstehen läßt... das ist das Geheimnis des Ostermorgens...«

Aber erschöpft sich die Botschaft der christlichen Auferstehung tatsächlich in der Begegnung mit Menschen, im Hören von Musik oder in einem Spaziergang? Wird nicht dadurch jenes Bild der Volkskirche zementiert, das sich im volkskirchlichen Credo so ausdrückt: »Ich bin zwar kein Kirchgänger, aber ich habe auch meinen Glauben, ich erlebe Gott in der Natur (in der Kunst«)? Streng theologische Andachten wechseln also ab mit Beiträgen, die eher von einer gewissen Alltagsbanalität geprägt sind.

Die beiden letzten Andachten stammten übrigens genauso aus Hamburg wie die vorher aufgeführte Betrachtung. Mit der regionalen Zuordnung hat es also nichts zu tun, ob in einem Gemeindeblatt naive Frömmigkeit, persönliche erlebte und bibelbezogene Nähe zum Menschen oder eine allgemeine Betrachtung des menschlichen Lebens dominiert. In der Großstadt gibt es ebenso quantitativ und qualitativ völlig unterschiedliche Gemeindeblätter wie in ländlichen Bereichen; in Ostfriesland gibt es hervorragend gestaltete Gemeindeblätter ebenso wie am Bodensee, es gibt aber dort wie in Hamburg oder Berlin auch Blätter, die nicht einmal den Minimalanforderungen genügen, die an eine von der Gemeinde veröffentlichte Publikation zu stellen sind.

Es überwiegt allerdings noch immer der abgehobene Andachtsstil auf der Titelseite, der häufig als eine Art Hemmschwelle vor weiterer Lektüre des Gemeindebriefs liegt. In 15% der von uns untersuchten Gemeindeblätter war ohnehin Lesestoff im eigentlichen Sinn dieses Wortes nicht enthalten, der ganze Gemeindebrief umfaßte nur 2 bis 4 Seiten, zwei Drittel davon im DIN-A5-Format. Außer der Bekanntgabe der Gottesdienstpläne, des Veranstaltungskalenders, der kirchlichen Amtshandlungen (Taufen, Trauungen, Bestattungen) und den Sprechstunden wird kaum etwas berichtet. 35% der Gemeindebriefe haben zwar 5 bis 8 Seiten und enthalten auch einige Berichte aus dem Gemeindeleben. Aber häufig besteht dies ja aus den Veranstaltungen der Kerngemeinde, und ob ein Ausflug der Frauenhilfe, das Jubiläum der Gemeindeschwester oder auch ein Gemeindefest das Interesse derer erregt, denen die genannten Gruppen und Personen fremd sind, sei dahingestellt. Meistens haben jene gutgemeinten Mitteilungen einen mehr oder weniger stark ausgeprägten Insider-Charakter und können kaum als Werbung für Kirche und Gemeinde dienen. Vielmehr erweckt diese Publikation oft eher den Eindruck eines »Vereinsblatts« und wird damit dem Öffentlichkeitsanspruch des Evangeliums nicht gerecht.

Relativ häufig werden Beschlüsse des Gemeindekirchenrats veröffentlicht – entweder in Form eines langen Sitzungsberichts oder kurz und knapp in einer Meldung oder Mitteilung. Doch ist die Berichterstattung meistens abschließend. Die Entscheidung der Gemeindeleitung ist in den meisten Fällen bereits gefallen, ohne daß die Gemeindemitglieder vorher in den Entscheidungsprozeß einbezogen wurden. Die Leser haben nur noch den Beschluß zur Kenntnis zu nehmen. Der Gemeindebrief als Meinungsforum, in dem die ganze Gemeinde betreffende Entscheidungen rechtzeitig aus unterschiedlichen Blickwinkeln diskutiert werden, findet man selten.

Gleiches gilt für die Offenlegung der Gemeindefinanzen: Sie wird nur sehr zaghaft gehandhabt. Spärlich gesät sind Gemeindebriefe, in denen die Positionen des Gemeindeetats den Lesern graphisch vor Augen geführt, die Höhe der Einzelposten ausführlich erläutert und die Einnahmen den Ausgaben gegenübergestellt werden. Vor allem für Gemeindeglieder, die vornehmlich nur noch über die Zahlung der Kirchensteuer mit der Kirche in Kontakt kommen, sind derartige Zahlen und Daten wichtig. So könnte ein Schritt geschehen vom anonymen Kirchensteuerzahler hin zum »aufgeklärten« Gemeindemitglied. Ebenfalls eine große Rarität sind Informationen, aus denen der Leser die Höhe der in den Gottesdiensten gesammelten Kollekten erfährt. In den untersuchten Gemeindebriefen wurde davon so gut wie nie Gebrauch gemacht; Geld und Gemeinde sind für viele Redakteure ein Tabuthema. Doch keine Regel ohne Ausnahme: Spenden und Kollekten für die »Dritte Welt« – oft im Rahmen der Aktion »Brot für die Welt« – werden fast immer vorher groß angekündigt und nachher in den Gemeindebriefen auf Mark und Pfennig abgerechnet. Und das ist gut so.[2]

Nahezu ungenutzt bleibt die Chance, das eigentliche Verbreitungsgebiet des Gemeindeblatts zu thematisieren, lokale Bezüge herzustellen und über das Geschehen in der Kirchengemeinde hinaus kommunale, heimatkundliche oder geschichtliche Themen aus dem Gemeindebereich darzustellen. Sie kommen nur in 15% der Gemeindeblätter vor und dort nicht einmal regelmäßig. Gerade lokale Themen sind aber besonders geeignet, das Interesse einer größeren Leserschaft »im Kiez« zu wecken, die Gemeinde als *»Orts«*gemeinde zu entdecken, die neue und interessante Gesichtspunkte über jenen Wohnort beizusteuern vermag. »Die Gemeindemitglieder sind ja Teil der Dorfgemeinschaft oder der Stadtbevölkerung, die Gebäude und Kirchen gehören zum Ortsbild, die diakonischen Einrichtungen der Gemeinde oder Kirche versorgen oftmals den gesamten Ort oder Stadtteil. Die Umgestaltung des Marktplatzes vor der Kirche, die Eröffnung eines Hauses für Asylbewerber, der geplante Abriß eines alten Hauses, die Schließung eines Krankenhauses berühren auch die Interessen der Kirchengemeinde und ihrer Bewohner. Sie fordern zur Stellungnahme heraus. Der Gemeindebrief ist ein nützliches Medium dafür. Die Geschichte der Kirchengemeinde, des Ortes oder einzelner Gebäude, Gespräche mit Zeitzeugen der älteren und jüngeren Vergangenheit sind aufschlußreich für viele Leser. Auch Einführungen in Werke der Kirchenmusik und Kritiken von Konzerten, Filmen und Ausstellungen, die in der Gemeinde dargeboten werden, stoßen nicht nur bei der Kerngemeinde auf Interesse.«[3]

Dieser Zusammenhang zwischen Kirchengemeinde und Ortsgemeinde könnte deutlich machen, daß »die Kirche im Dorf bleibt«: Der Gemeindebrief bekäme dadurch eher den Charakter einer kleinen Dorf- oder Stadtteilzeitung, die ihre Leser nicht nur unter »altgedienten« Gemeindemitgliedern finden würde. Gerade im Bereich des Lokalen hat die Gemeindepublizistik auch eine bis in die Anfänge der Zeitungsgeschichte zurückreichende Tradition: »Die ›neuen Zeitungen‹ des 16. Jahrhunderts brachten so ziemlich alles an Wichtigem und Unwichtigem, Glaubhaftem und Unglaublichem, was man sich denken kann. Trotzdem ließen sich schon bald thematische Schwerpunkte erkennen, so daß sich diese Blätter nach Inhalt und Stil kategorisieren lassen in politisch-öffentliche ›Relationen‹, religiös-öffentliche ›Relationen‹ und private Lokal-›Relationen‹.«[4] Die politisch-öffentlichen Relationen waren die Vorläufer der heutigen Tagespresse, die religiös-öffentlichen Zeitungen waren der Ursprung der Kirchenzeitungen. Die Lokal-Relationen aber bilden den Anfang der Lokalzeitung *und* des Gemeindeblatts.

Das damalige Nachrichtenangebot war nämlich aus profanen und kirchlichen Nachrichten untrennbar gemischt, weil die politische und kirchliche Gemeinde räumlich und personell dekkungsgleich waren und nicht selten der örtliche Pfarrer Herausgeber und Redakteur der Lokal-Relation wurde. Zu ihrem Inhalt gehörten Unglücksfälle, Mißgeburten, Unwetter und Himmelszeichen, häufig wurden dergleichen Ereignisse als Anlaß für geistliche Ermahnungen genutzt. »Allen gottförchtigen Glaubenden Christen zu trewer Warnung aufs kürtzzte in Truck verfasset«, überschreibt der Superintendent Wagner 1565 seine »wahrhafftige Beschreybung« einer Überschwemmung bei Annaberg.[5] »Neben Predigt und Unterricht bietet das Zeitungswesen den Geistlichen eine überraschend weitreichende Möglichkeit, in Lokal-Relationen zu informieren und zu kommentieren.«[6] Wenigstens einen Teil jener damaligen Breitenwirkung könnte der Gemeindebrief sicher wiedergewinnen, wenn die lokale Ebene bewußt mit aufgegriffen würde. Gerade in diesem Bereich hängt allerdings viel davon ab, wie weit die Gemeindebriefredaktion Kontakte herzustellen vermag zu Menschen mit historischen, heimatkundlichen oder kommunalen Neigungen und Erfahrungen, die selbständig so etwas wie »Spurensicherung« betreiben und das »Ortstypische aus Vergangenheit und Gegenwart innerhalb der Gemeinde sammeln und veröffentlichen können. Auch die Zusammenarbeit mit kommunalen Stellen könnte genutzt werden genauso wie Kontakte zu politischen, kulturellen, sozialen und pädagogischen Einrichtungen.

Der künstlichen Selbstbeschränkung der Gemeindepublizistik auf Themen aus dem Bereich der Kerngemeinde liegt vermutlich oft die Befürchtung zugrunde, daß andere Themen nicht »kirchlich« genug oder sogar »kirchenfern« seien. Tatsächlich hat Jesus ja aber Menschen in ihrem Alltag aufgesucht, Beispiele und Bilder aus ihrem »weltlichen« Leben in seinen Gleichnissen und Reden verwendet und das »Reich Gottes« so verkündigt, daß dadurch das ganze Leben des Menschen berührt und verwandelt wurde. Vorbehalte in diesem Bereich des lokalen Umfeldes der Gemeindemitglieder sollten also aufgegeben werden, damit die dort liegenden Möglichkeiten ausgeschöpft werden können.

Gemeindeblätter haben schon heute eine Verbreitung, die ihnen zunächst wohl kaum jemand zutrauen würde. Die Gemeindeblätter in Berlin verzeichnen zum Beispiel eine höhere Auflage als die beiden größten Berliner Abonnementszeitungen:

Monatlich werden rund 400000 Gemeindeblätter in Berlin verteilt, in der gesamten Bundesrepublik sind es schätzungsweise inzwischen monatlich acht bis zehn Millionen![7] Im katholischen Köln haben die Gemeindeblätter eine Auflage von monatlich 500000 Exemplaren, in Bochum wurden Anfang der 70er Jahre 49 % aller Katholiken von Pfarrblättern, Mitteilungen oder Rundbriefen ihrer Pfarrgemeinde erreicht.[8] Durch die zweite Umfrage unter evangelischen Christen zur Kirchenmitgliedschaft (1984 veröffentlicht) 10 Jahre nach der ersten solchen Befragung hat sich gezeigt, daß gerade im Bereich des Gemeindeblatts eindeutig Verbesserungen festzustellen sind. 1972 gaben nur 38 % der Befragten an, den Gemeindebrief regelmäßig oder gelegentlich zu lesen. Die Umfrage 10 Jahre später hat ergeben, daß 39 % evangelischer Gemeindemitglieder den Gemeindebrief regelmäßig lesen, 26 % gelegentlich.[9] 1977 wurde in der Evangelischen Kirche in Hessen und Nassau eine Erhebung zur Verbreitung des Gemeindebriefs durchgeführt, die auch für andere Landeskirchen repräsentativ sein dürfte: Von 249 befragten Kirchengemeinden erklärten nur 46, keinen Gemeindebrief herauszugeben, von den restlichen 203 Gemeinden gaben 85 den Gemeindebrief monatlich heraus, 41 alle zwei Monate, 35 vierteljährlich und die restlichen unregelmäßig. 126 Gemeindebriefe wurden an alle evangelischen Haushalte verschickt, 26 sogar an alle Haushalte, 35 über ein Abonnement, einige auch gemeinsam mit der katholischen Gemeinde oder über ein kommunales Mitteilungsblatt.[10] Ebenso erstaunlich wie die Auflagenhöhe des Gemeindebriefs ist also auch die damit zusammenhängende Verbreitung bei einer Mehrzahl aller (evangelischen) Gemeindemitglieder. Dem entspricht aber nicht annähernd ihre Wirkung. Deshalb wurden die Gemeindeblätter innerhalb der kirchlichen Publizistik auch schon als »der unbekannte Riese«[11] bezeichnet.

Der herabgesetzte Wirkungsgrad ist sicher auch darauf zurückzuführen, daß dieses »Presseorgan« die eigentlich journalistischen Formen der Veröffentlichung kaum nutzt. In den Gemeindeblättern gibt es nur selten übersichtliche Nachrichtenrubriken, besondere Veranstaltungen werden oft wenig werbewirksam angekündigt. Es fehlen Interviews oder Reportagen, ebenso die von einem Ereignis abgehobenen Kommentare oder Stellungnahmen verschiedener Personen. Man findet auch kaum Glossen oder Karikaturen in Gemeindeblättern, wenig Anekdoten oder Witze, wenig Veröffentlichungen für

bestimmte Zielgruppen wie zum Beispiel eine Kinderseite, Frauenseite oder Jugendseite – letztere ist allerdings noch am häufigsten anzutreffen, aber auch nicht einmal in einem Viertel aller Gemeindeblätter. Die Verwendung von Graphiken oder Photos ist mit der Verbesserung drucktechnischer Möglichkeiten zwar häufiger geworden, wird aber immer noch zurückhaltend eingesetzt und könnte medienspezifischer und öfter geschehen.
Zwar gibt es heute schon weniger streng theologisch ausgerichtete Andachten und mehr Meditationen zu Wort/Bild/Zitat, solch eine Form der »geistlichen Betrachtung« spricht sicher im allgemeinen mehr Menschen an als die genannten traditionellen Formen. Aber um wieviel lebendiger könnten die Inhalte des Gemeindeblatts zum Leser transportiert werden, wenn jene bewährten journalistischen Publikationsformen bei der Herstellung des Gemeindebriefs berücksichtigt würden. Bestimmte »aktuellere« Inhalte kommen nämlich erst dann ins Blickfeld, wenn auch die entsprechenden Darstellungsformen gewählt werden.
In einem Gemeindebrief zum Beispiel, der regelmäßig eine Seite »Das Interview« hat, fiel auf, daß dort die Mitglieder der Gemeindebriefredaktion versuchen, immer wieder für die Leser interessante Personen zu finden, die sie interviewen können. Wenn es eine feste Nachrichtenrubrik gibt, wird mehr darüber nachgedacht, was es denn eigentlich »Neues« im letzten Monat gegeben hat; daran wiederum lassen sich leichter Stellungnahmen und Kommentare oder auch Glossen und Karikaturen anschließen. Journalistische Formen und interessante »lesenswerte« Inhalte bedingen sich gegenseitig. Durch Fortbildung der Mitglieder der Gemeindebriefredaktion ließe sich hier sicher eine erhebliche Wirkungssteigerung des »unbekannten Riesen« erreichen!
Wenn der Gemeindebrief mehr sein will als ein »Vereinsblatt« der Ortsgemeinde, müßte für die Redakteure die Frage im Mittelpunkt stehen, welche grundlegenden menschlichen Situationen und Erfahrungen als Zugang dienen könnten zu neuen, durch den Glauben vermittelten Sinnbezügen, die das Leben und den Alltag der Menschen bestimmen und intensiv beeinflussen könnten.[12]
In einem der Gemeindeblätter aus der genannten Untersuchung von 108 Gemeindeblättern ist zum Beispiel der Artikel eines Pfarrers enthalten unter der Rubrik »Der Denkanstoß«:

»Glut unter der Asche – Gedanken zur Scheidung.« Er beginnt mit einem persönlichen Erlebnis: »Wir sahen uns in einem Geschäft wieder: der junge Mann und ich, sein Pfarrer, der ihn einmal kirchlich getraut hatte. Schon nach den ersten Worten rückte er mit der Sprache heraus: leider muß ich Ihnen sagen, daß meine Frau und ich nicht mehr zusammen sind. Die Ehe, die Sie einmal geschlossen haben, hat nicht lange gehalten. Wir trennten uns. Ich bin nun emanzipiert.« Daran schließen sich Gedanken über die Belastungen innerhalb von Partnerschaften an, Überlegungen zur Möglichkeit des Scheiterns und des Umgangs mit solchen Erfahrungen. Der Verfasser schlägt vor, vor jeder Scheidung eine »Trennungsphase« einzuschalten, in der noch einmal darüber nachgedacht werden kann, was im Rückblick gut oder schlecht gewesen ist, wo aber auch vielleicht noch Gemeinsamkeiten vorhanden sein könnten. Auch die Art und Weise, wie eventuell Dritte in einer solchen Situation helfen können, wird zur Sprache gebracht – ein rundum »aktueller« Artikel, den sicher *jeder* Ehepartner mit Interesse lesen wird, nicht nur geschiedene Eheleute, sondern auch und gerade Partner aus »intakten Ehen«.

Viele Themen dieser Art betreffen Menschen in einer solchen unmittelbaren Weise ganz existentiell. Im »Totenmonat« November könnten Menschen – und keineswegs nur Pfarrer, sondern möglichst auch »Laien« – schreiben, wie sie die Trauer um einen ihnen nahestehenden Menschen erlebt und »verarbeitet« haben. Wie gehen wir mit Leid und Krankheit um, mit dem Wissen um eine unheilbare Krankheit? Eltern könnten beschreiben, was sie mit ihren jüngeren Kindern erleben oder wo es dann später »Generationskonflikte« mit den heranwachsenden Jugendlichen gibt. Es ist u. a. auch Aufgabe des Gemeindeblatts, sich der Themen anzunehmen, die im gesellschaftlichen Bereich allzu häufig einfach verdrängt werden.

Aber existentiell betroffen sind Menschen nicht nur in ihrem privaten und persönlichen Leben, sondern auch durch die Gefährdung der Umwelt, des Friedens, der Gleichberechtigung zwischen den Geschlechtern, durch die Bedingungen der Arbeitswelt, das Zusammenleben von Deutschen und Ausländern im Wohnbereich u. a. Bei all diesen Themen aus dem persönlichen und gesellschaftlichen Bereich geht es sicher auch um die Frage, was der christliche Glaube zur Bewältigung der Gegenwart beitragen kann und wie weit er unsere Zukunftsvorstellungen und -hoffnungen zu prägen vermag.

Der Gemeindebrief kann zwar nicht »Aktualität« im Sinn von tagespolitisch aktuellen Themen anstreben, dazu ist er schon als Monatsblatt gar nicht geeignet. Aber jene für Menschen grundsätzlich wirklich aktuellen – nämlich für das Leben bedeutsamen – Themen können umgekehrt besonders gut in einer kirchlichen Veröffentlichung aus dem Wohnbereich der Menschen thematisiert werden, weil Menschen von der Kirche durchaus uneigennützige Beratung und so etwas wie »Lebenshilfe« erwarten und akzeptieren.

Sehr selten wird der Gemeindebrief als Meinungsforum genutzt, obwohl ja gerade in einer Gemeinde mit ihren unterschiedlichen Gruppen oftmals ganz entgegengesetzte Meinungen aufeinanderstoßen. Immer noch wird der Gemeindebrief in »bewährter« kirchlicher Tradition mehr als »verlängerte Kanzel« oder »Verlautbarung von oben« verstanden und nicht als ein dialogisch angelegtes Publikationsorgan, in dem die Meinungsvielfalt innerhalb der Ortsgemeinde sich widerspiegelt und das deshalb auch für viele Leser interessant und »spannend« wird.

In seiner Untersuchung zur »pastoralen Zielsetzung von Pfarrblättern«[13] nennt Henry Fischer einige wenige Beispiele für diese Art der Behandlung eines Themas: Der erste Beitrag stammt vom Pastor der Gemeinde mit der Überschrift: »Dezember 1970 – Weihnachtsfeiern.« Er legt die Problematik des Feierns dar. Dann folgt zum selben Thema der Meinungsbeitrag eines älteren Gemeindemitgliedes, eines Familienvaters und des Donnerstagskreises der Gemeindejugend. Ein anderes Beispiel aus einer katholischen Gemeinde zeigt die Kritik von Jugendlichen an der Predigt ihres Pfarrers und gegenteilige Stellungnahmen anderer Gemeindemitglieder. Ein Beitrag beschwert sich über die nach seiner Meinung unnütze Ausgabe der Altarraumgestaltung, ein Kirchenvorstandsmitglied gibt begründete Gegenantwort. Übrigens sind in allen Fällen die Artikel mit Namen gezeichnet.

In einem der von uns untersuchten Gemeindeblätter ging es um das Thema »Was bedeutet heute noch die Familie?« Nach einem kurzen einleitenden Artikel eines Mitgliedes der Gemeindeblattredaktion wurden 12 bis 15 Stimmen von ganz unterschiedlichen Gemeindemitgliedern abgedruckt, aus denen sich ein äußerst vielschichtiges Bild ergab. Themen, die auf eine kontroverse Diskussion angelegt sind, eignen sich besonders für ein Meinungsforum, aber auch Themen ohne »Zündstoff« gewinnen an Kontur und können umfassender behandelt wer-

den, wenn die Leser mehrere Stimmen miteinander vergleichen können.
Ein solches »Forum« läßt sich im Gemeindeblatt auch institutionalisieren, etwa auf einer Seite mit dem gleichnamigen Titel oder unter der Überschrift »Wir stellen zur Diskussion« oder »Pro und Contra«. Speziell Jugendliche sind leicht zu motivieren, zu bestimmten Themen unterschiedliche Auffassungen zu sammeln und zusammenzustellen, eine solche Seite in eigener Regie zu gestalten, »heiße Eisen« anzufassen und zur Diskussion zu stellen.
Es war schon davon die Rede, daß »Andachten« – im Gegensatz zu ihrer hervorgehobenen Stellung auf der Titelseite des Gemeindeblatts – in ihrer Wirkung oft eingeschränkt sind auf die Leser der »Kerngemeinde«, die mit biblischen Texten vertraut sind und »Hörer des Wortes« sind. Den kirchenfernen Noch-Mitgliedern der Gemeinde ist dagegen die Auslegung eines »Monatsspruches« eher fremd, da ihre Alltagskommunikation sich auf einer ganz anderen Sprachebene bewegt und sie nicht ohne weiteres einen Zugang haben zur traditionellen »Kirchensprache«. Das bedeutet aber keineswegs, daß sie nicht ein Interesse haben könnten an christlichen Themen im weiteren Sinne, an Sinnfragen des menschlichen Lebens. Für solche möglichen Leser sind »Glaubensinformationen« in allgemeinverständlicher Sprache besser geeignet, für die übrigens auch und gerade Mitglieder der Kerngemeinde dankbar sind, weil im Hinblick auf solche Glaubensfragen überwiegend große Unsicherheit besteht.
In den von uns untersuchten Blättern fanden sich solche Glaubensinformationen immerhin in fast einem Drittel öfter oder gelegentlich. Unter der Rubrik »Der Tip für Christen« werden in einem Gemeindeblatt regelmäßig kurze Betrachtungen, manchmal auch in Form eines Gebets oder Gedichts – abgedruckt, die dann für Laien verständlich erklärt werden. Aus dem Materialdienst für den Gemeindebrief übernommen, fand sich der Artikel »Dreieinigkeit – was ist damit gesagt?« »Erfahrungen mit dem Himmelreich« werden in einem anderen Gemeindeblatt nach einer einleitenden beziehungsreichen Legende dargestellt, und eine Meditation zur »Auferstehung« ist in einem anderen Blatt übernommen worden aus einem Gemeindebrief aus Kairo. In einem Artikel zum Thema »Gäste auf Erden« wird eine Beziehung hergestellt zum Lebensstil heutiger Menschen.

Es finden sich auch:
- Rückblicke auf wichtige kirchengeschichtliche Daten, Zeugnisse und Personen (z. B. Johannes Eck, Dietrich Bonhoeffer, die »Barmer Erklärung«);
- Hinweise auf weniger bekannte Tage und Zeiten im Kirchenjahr (Epiphanias, Trinitatis, Johannestag);
- Darstellung von Sitten und Gebräuchen in der Kirche (Osterkerze, Patenamt u. a.);
- Informationen über aktuelle kirchliche Ereignisse (Kirchentag, Monat der Diakonie, Kirchenwahlen);
- Erklärung von konkreten Glaubensinhalten (Ökumene, Fasten, Beichte).

Besonders geeignet für die Gemeindepublizistik sind solche Darstellungen, wenn sie nicht allgemein gehalten sind, sondern einen konkreten Anlaß – Vortragsabend, Haussammlung, Taufgottesdienst u. a. – in der Gemeinde haben. Ebenso kann ein kompetenter Berichterstatter in der Gemeinde leben oder zu Gast (gewesen) sein.[14]

Als »christliche Veröffentlichung« weist sich aber ein Gemeindeblatt nicht nur durch Beiträge der genannten Art aus, sondern dies zeigt sich in dem Versuch, *alle* Themen in christlicher Grundhaltung aufeinander zu beziehen. »Reden von Gott ist nicht ein Reden über Gott. Es meint ein Reden von Gott her. Gott ist nicht der Gegenstand, sondern der Atem, der Geist dieses Redens. Das Thema ist unbeschränkt: Es schließt alles ein, was von Gott her interessant ist.«[15] Dies kommt zum Ausdruck in Beiträgen, die Toleranz und Brüderlichkeit gegenüber Minderheiten und Andersdenkenden enthalten, die Auseinandersetzung mit öffentlich diskutierten Themen und Ereignissen, die die Bemühungen um den Frieden und den Schutz der Schöpfung im großen und im kleinen befürworten.

Eine christliche Grundhaltung könnte sich zum Beispiel auch darin ausdrücken, daß bestimmte Menschen im Gemeindeblatt zu Wort kommen, von denen man sonst wenig hört oder liest. Dabei könnten gleichzeitig zwei christliche Aufgaben erfüllt werden: Es muß dem Gemeindeblatt gelingen, die Anonymität der Großgemeinde zu durchbrechen. Dies könnte besser als bisher geschehen, wenn öfter einmal Menschen dankbar gewürdigt würden, die nicht unbedingt zur Sonntagsgemeinde gehören: Lehrer, Postbeamte, Polizeibeamte, die für den Wohnbezirk zuständig sind, Mitarbeiter in sozialen Einrichtungen,

die oft darüber klagen, daß ihre »Kunden« oft vollkommen unpersönlich mit ihnen umgehen.[16]
Dies entspräche dann auch einer zweiten Aufgabenstellung: »Anwalt der Armen sein, das heißt für den Publizisten, den Versuch wagen, jene verpönte ›schweigende Mehrheit‹ in der Gesellschaft zum Sprechen zu bringen, die ihre Meinungen, Interessen und Anliegen nicht artikulieren kann, die ›immer nur zuhören muß‹, die höchstens ihre Meinung dadurch zum Ausdruck bringen kann, daß sie den Kommunikatoren ihre Zustimmung schenkt oder verweigert. Hinhorchen auf den ›sprachlosen‹ Zeitgenossen, den ›kleinen Mann‹ und nicht immer wieder die Meinung der Offiziellen nachbeten, die nach Möglichkeit auch noch keinem wehe tut, besonders den ›Mächtigen‹ in Kirche und Gesellschaft nicht – dies wäre ein Programm für eine Publizistik und Kommunikation, die nur sehr schwer in die Gefahr käme, in ein Getto zu kommen oder Komplice einer Öffentlichkeit zu werden, die vorher hinter den Kulissen von den Mächtigen vorgekartet wurde. Sie würde Öffentlichkeit schaffen gerade dort, wo sie – als kritische von den Interessen der kirchlichen und weltlichen Drahtzieher nicht gewünscht würde, aber gleichwohl im Sinne der Selbstbestimmung der ›schweigenden Mehrheit‹ vonnöten wäre.«[17]
Vor allem aber müßte auch und gerade das lokal begrenzte Gemeindeblatt den Öffentlichkeitsanspruch des Evangeliums in seiner Ausrichtung zum Ziel haben, der durch den weithin vorherrschenden Insider-Charakter verlorengeht. Diese Anforderung ist nicht eine Kapitulation vor dem Zeitgeist, sondern sie erwächst aus dem Wesen der christlichen Verkündigung selbst. Der griechische Ausdruck für Kirche – ekklesia – ist erstaunlicherweise nicht einer der vielen Ausdrücke, die damals für religiöse Kultgemeinschaften gebraucht wurden, sondern ekklesia ist der Ausdruck für die weltliche Volksversammlung, die ungeteilte Öffentlichkeit, vor der bestimmte Mitteilungen bekanntgegeben wurden. »Volksversammlung« war die Versammlung der Bürger am Ort, die zum Beispiel durch eine »gute Nachricht« (Evangelium) auf dem Marktplatz zusammengerufen wurden. Solchen »Nachrichtenwert« müßte das Gemeindeblatt für die Ortsgemeinde haben oder gewinnen, wenn es seine spezielle Funktion in diesem Bereich erfüllen soll.
Häufig aber entsteht eher ein gegenteiliger Eindruck. Wie hilflos oder auch borniert Kirche sein kann, mag folgendes tatsächliche Geschehen belegen. Der verantwortliche Redakteur

einer nordfriesischen Heimatzeitung wandte sich brieflich an alle Gemeindepfarrer seines Kirchenkreises mit der Bitte, seiner Redaktion die jeweiligen Gemeindebriefe zur publizistischen Auswertung zu überlassen. Von 18 angeschriebenen Gemeinden reagierten lediglich zwei positiv, die restlichen überhaupt nicht. Ein Telefonanruf konnte das Ergebnis auch nicht verbessern; besagter Redakteur erfuhr aber immerhin von dem einen oder anderen Pfarrer, daß man mit der gemeindlichen Publikation die »breite Öffentlichkeit« nicht im Auge habe, daß dieser »Kleinkram« nur intern interessieren könne, daß der Gemeindebrief außerdem doch nur ein Versuch sei, »voller Unzulänglichkeiten und Fehler«.
Vorausgegangen war diesem Bemühen, dem alltäglichen kirchlichen Leben mehr Raum in der Zeitung einzuräumen, das Angebot an die Pfarrer des Kirchenkreises, jeden Samstag ein »Wort zum Sonntag« zu schreiben, »... aber bitte leicht lesbar, möglichst gegenwarts- und ortsbezogen und vor allem nicht länger als 35 Schreibmaschinenzeilen«. Man möge sich doch untereinander verständigen, wer wann den Text schreibe. Die Serie begann im Oktober, sie erreichte das Jahresende nicht. Zu viele Pfarrer fühlten sich mit dieser Art der Verkündigung einfach überfordert.[18]
Wenn der Gemeindebrief die bisher dargestellten Aufgaben erfüllen soll, ergeben sich daraus verschiedene Konsequenzen. Das Gemeindeblatt darf dann zunächst nicht nur vom Pfarrer oder einigen wenigen hauptamtlichen kirchlichen Mitarbeitern redigiert werden, sondern es müssen für die Redaktion möglichst auch unterschiedliche Mitarbeiter gewonnen werden, die für die genannten Themenbereiche selbständig Beiträge herstellen oder initiieren, indem sie auf vielfältige Weise Gemeindemitglieder zu Wort kommen lassen. Ein so zusammengesetztes Redaktionsteam bietet dann eine gewisse Gewähr dafür, daß im Gemeindebrief nicht der Monolog vorherrscht, sondern der Dialog, nicht die Einseitigkeit, sondern die Vielseitigkeit, nicht die Insider-Perspektive der Kirchengemeinde, sondern die Offenheit für *alle* Menschen innerhalb der Ortsgemeinde.
Völlig unterschätzt wird die Frage der Druckqualität in den kirchlichen Gemeindeblättern. Für die Herstellung sollten auf jeden Fall die Möglichkeiten der modernen Drucktechnik planvoll eingesetzt werden. Immer noch haben viele Gemeinden veraltete Druckmaschinen oder sogar nur einfache Abzugsmaschinen, mit denen dann auch nur schlecht lesbare, graphisch

kaum aufgelockerte Gemeindeblätter hergestellt werden können. So weit die Gemeinden mit diesem Problem überfordert sind, wäre die Frage der übergemeindlichen Druckkapazitäten auf der Ebene des Kirchenkreises oder der Landeskirche zu prüfen und zu organisieren.
Schon jetzt verteilen nicht wenige Gemeinden das Gemeindeblatt an alle Haushalte der Gemeinde. Mit erheblichem Aufwand wird das Blatt durch einen großen Helferstab – meist ehrenamtlich – verteilt. Naturgemäß bringt dies auch eine große Arbeitsbelastung für die hauptamtlich beschäftigten Mitarbeiter der Gemeinde mit sich. Ein solcher Aufwand lohnt sich allerdings nur dann, wenn das Gemeindeblatt auch nach Inhalt und Form tatsächlich *alle* Menschen im Wohnbereich anzusprechen vermag. Wenn ein reines kirchliches Nachrichtenblatt von 4 Seiten im DIN-A5-Format in einer Gemeinde mit 80 Helfern in jeden Briefkasten gebracht wird, widerspricht das an sich begrüßenswerte, auf eine breite Öffentlichkeit ausgerichtete Vertriebssystem der inhaltlichen und formalen Gestaltung des Gemeindeblatts, das eigentlich nur für die »geschlossene Gesellschaft« der Kerngemeinde bestimmt ist. Umgekehrt werden häufig sehr vielseitige und umfangreiche Gemeindeblätter nur an eine kleine Zahl von Abonnenten verteilt, so daß die erhoffte Wirkung von vornherein begrenzt bleibt.
Erstrebenswert ist ein Gemeindeblatt, das die Vielfalt einer Ortsgemeinde in seiner inhaltlichen und formalen Gestaltung widerspiegelt und kostenlos an alle Mitglieder der Gemeinde verteilt wird. Sicher wird sich eine solche Idealvorstellung sehr oft nur teilweise verwirklichen lassen. Auf jeden Fall sollten dann aber Inhalt und Vertriebssystem einander so weit wie möglich entsprechen, damit so viele Gemeindemitglieder wie möglich so gut und so ausführlich über die Gemeinde informiert werden, wie es wünschenswert ist und dadurch Kontakt zur Gemeinde bekommen, Zugang zum Veranstaltungsangebot und zu den sozialen Dienstleistungen der Gemeinde erhalten.

Anmerkungen

1 Diese Untersuchung wurde durchgeführt von Lothar Beckmann, sie erscheint 1986/87 in einem Sammelband in einem theologischen Fachverlag.
2 L. Beckmann, a. a. O.
3 L. Beckmann, a. a. O.

4 C. Kreuzer, Das Pfarrblatt als gemeindebildende Kraft, in: Communicatio Socialis, 6. Jg. 1973, Nr. 3, S. 199f.
5 zitiert bei C. Kreuzer, ebd.
6 Kreuzer, a. a. O., S. 200
7 vgl. R. Durth, Der protestantische Presse-Dschungel: zur Situation der evangelischen Publizistik in der BR Deutschland, in: Communicatio Socialis, 11. Jg. 1978, Nr. 2, S. 102
8 Kreuzer, a. a. O., S. 199
9 Was wird aus der Kirche? Gütersloh 1984, S. 226f.
10 Durth, a. a. O., S. 102
11 Publizistischer Gesamtplan der Evangelischen Kirche in Deutschland, Gütersloh 1979, S. 165
12 In seinem Aufsatz »Kirche und Öffentlichkeit: Zu den Grundlagen eines Konzepts kirchlich-religiöser Werbung« in: Communicatio Socialis, 1980, S. 241ff., entwickelt R. Gottschlich ein Konzept der religiösen Werbung, indem er verschiedene mögliche Arten des Zugangs der Leser zum christlichen Glauben darstellt.
Eine bestimmte Gruppe von Menschen könnte zum Beispiel über den Typus A (»Glaube als Abenteuer«) angesprochen werden, durch die Thematisierung von Beispielen bedingungslosen Engagements für den christlichen Glauben (Heilige und Vorbilder aus alter und neuer Zeit, Beispiele und Modelle christlichen Lebens und Handelns). Andere Leser wären über den Typus B (»Das Numinose am Glauben«) zu interessieren, d. h. ein Zugang läge im Geheimnisvollen des Glaubens. Im Typus C (»Glaube als Ausdruck von Vernünftigkeit« könnte die Beziehung von Glaube und Naturwissenschaft thematisiert werden, z. B. Umweltprobleme in ihrem Zusammenhang mit der Schöpfung. Und im Typus D (»Die ästhetische Dimension des Glaubens«) wären Menschen durch künstlerische Zeugnisse des christlichen Glaubens anzusprechen.
Jene Typen des Zugang aber scheinen von einer gewissen Künstlichkeit gekennzeichnet; dieser Ansatz müßte erweitert werden im Hinblick auf grundlegende menschliche Erfahrungen, die allen genannten Kategorien vorausliegen.
13 Henry Fischer, Die pastorale Zielsetzung von Pfarrblättern, in: »Materialdienst Gemeindearbeit«, Mainz o. J. Stichwort »Öffentlichkeitsarbeit«, S. 12
14 L. Beckmann, a. a. O.
15 H. J. Schultz, Information als Verkündigung, in: H. Breit, W. Höhne, Die provozierte Kirche, München 1961, S. 91ff. vgl. H. J. Dörger, Kirche in der Öffentlichkeit, Stuttgart 1979, S. 80
16 Kreuzer, a. a. O., S. 208
17 G. Deussen, Kirche zwischen Öffentlichkeit und Getto: soziologische und publizistische Perspektiven, Communicatio Socialis, 1974, S. 127ff., S. 134
18 Die entsprechenden Briefe mit Anmerkungen befinden sich im Besitz der Verfasser.

6. Unter Ausschluß der Öffentlichkeit – Kirchenzeitungen für Insider

»Sehr geehrte Redaktion,
hiermit kündige ich mein Kirchenzeitungs-Abonnement zum nächstmöglichen Zeitpunkt. Das Blatt habe ich nach dem Tode meines Vaters quasi geerbt und aus Gründen der Pietät auch noch einige Jahre bezahlt; zum Lesen bin ich aber nur einige Male gekommen, und dies hat mich nicht gerade überzeugt davon, daß ich außer der »Süddeutschen«, der »Zeit« und dem »Spiegel« auch noch eine Kirchenzeitung halten muß. Die wirklich interessanten religiösen Themen werden in den genannten Publikationen ohnehin abgehandelt, übrigens meistens gründlicher und kritischer als bei Ihnen. Mir scheint, daß sich die Kirche viel zu viel mit sich selbst beschäftigt, innerkirchliche Themen nehmen in Ihrem Blatt breiten Raum ein. Berichte über kirchliche Gremien, Bischofsreden und Jubiläen in bestimmten Gemeinden gehen mich wenig an und betreffen wohl mehr Menschen, die schon kirchlich aktiv sind. Warum übrigens beschönigen Sie bzw. die Leitungsgremien den derzeitigen Zustand der Kirche? Wäre nicht eigentlich die selbstkritische Bestandsaufnahme am Platze, die ungehinderte Diskussion darüber, wie es weitergehen soll, auch und gerade in der Kirchenzeitung?! Wie dem auch sei, ich möchte das Abo kündigen, zumal mir ja auch noch unser Gemeindeblatt in den Briefkasten gesteckt wird. Mit freundlichen Grüßen...«

Abonnementskündigungen im Bereich der Kirchenpresse sind – soll man sagen: leider? – keine Ausnahmen, hunderttausende hagelte es davon in den letzten drei Jahrzehnten; prozentual liegen sie viel höher als die laut beklagten Kirchenaustritte, die außerdem auch später einsetzten. Während sich seit Mitte der fünfziger Jahre die Auflage der Tageszeitungen mehr als verdoppelte (zur Zeit 25 Millionen Exemplare), die der Wochenzeitungen sich verdreifachte (heute knapp 2 Millionen) und die Auflage der Sonntagszeitungen sich gar verzehnfachte (Anfang

1986 rund 4 Millionen Exemplare), erlebte die Kirchenpresse – also die evangelische Kirchengebietszeitungen[1] und die katholische Bistumspresse[2] einen bedrohlichen Auflagenrückgang. Allein in den siebziger Jahren sank die Auflage der 13 wöchentlich erscheinenden evangelischen Zeitungen um mehr als ein Drittel von etwa 800000 auf unter 500000; die Gesamtauflage dürfte sich inzwischen bei ungefähr 400000 Exemplaren eingependelt haben. Die 22 katholischen Bistumszeitungen erlitten Ende der sechziger bis Anfang der siebziger Jahre ihre größten Auflageneinbrüche und fielen sprunghaft um mehrere hunderttausend Exemplare unter die Zwei-Millionen-Grenze, ihre Gesamtauflage beträgt derzeit etwa 1,6 Millionen.[3]
Vor dem Hintergrund zunehmender Mediennutzung hat die kircheneigene Wochen- oder Sonntagspresse inzwischen große Teile ihrer Leserschaft und damit Möglichkeiten kontinuierlicher Anrede und Kommunikation verloren. Dabei wurde die Expansion indirekter Konkurrenten wie Hörfunk und Fernsehen oder auch die Publikumszeitschriften noch gar nicht in Betracht gezogen. Damit aber nicht genug: Unter den immerhin noch vorhandenen nominellen Lesern der rund zwei Millionen Zeitungsexemplare befindet sich ein vergleichsweise hoher Prozentsatz sogenannter Pflichtabonnenten, also von Menschen, die wie unser eingangs zitierter Briefschreiber ihre Kirchenzeitung »geerbt« und aus Gründen der Pietät oder aus Bequemlichkeit noch nicht abbestellt haben, oder auch solche, die nach Art einer Spendenvergabe oder Ersatzkollekte Kirche und ihre Presse für bedürftig und förderungswürdig halten, schließlich nach wie vor Institutionen, Firmen und Personen, die aus politischem, geschäftlichem oder sonstigem Eigeninteresse heraus die Zeitung einer oder gleich beider Konfessionen beziehen. Sie alle bezahlen zwar ihr Abonnement – was nicht gering geachtet werden sollte –, sie lesen das Blatt aber höchst selten oder auch gar nicht. Die von den Kirchen zwischenzeitlich als Reaktion auf den Auflagenrückgang ihrer periodischen Presse auf den Markt geworfenen, meist unregelmäßig erscheinenden Werbezeitschriften und Prospekte können die Wirkungsverluste nicht ausgleichen. Zeichnen sie doch das Bild einer zu heilen Kirchenwelt – frisch, frei, fröhlich, fromm.
Worin liegen die Gründe für den Niedergang der Kirchenpresse, wo die Ursachen der Misere? Welche Erwartungen der Leserschaft werden ganz offensichtlich nicht oder doch nicht

ausreichend erfüllt? Die Antwort auf solche Fragen kann nicht kurz und bündig gegeben werden, weil die Probleme vielschichtig sind und die wissenschaftliche Ausbeute eher unbefriedigend bleibt.[4] Die Kirchenleitungen selbst zeigten im übrigen lange Zeit wenig Interesse an der Aufhellung der für sie doch unangenehmen Entwicklung. Erst als die Kirchenaustrittswelle lief, gerieten auch Medienfragen in ihr Blickfeld. So richtig es ist, für beide – Auflagenverlust und Kirchenaustritt – die gleichen Gründe zu vermuten, so wenig hilfreich ist diese Gleichsetzung, weil sie medienspezifische Ursachen verdeckt. Immerhin ist die Zahl der Kirchenzeitungsleser um ein Vielfaches geringer als die Zahl der Kirchenmitglieder, und ihr Schwund liegt prozentual erheblich höher. Andere oder wichtige zusätzliche Motive müssen die Leute schon haben, sich den Kirchenzeitungen zu verweigern.

- Da ist zum einen die Entwicklung des Pressemarktes, dessen Strukturen sich erheblich verändert haben. »Mit dem Aufkommen der bürgerlichen Massenpresse im vergangenen Jahrhundert verlor die Kirche endgültig ihr Informationsmonopol, das sie Jahrhunderte hindurch ausgeübt hatte.«[5] In der Weimarer Republik konkurrierte sie dann bereits mit einer Vielzahl an gesellschaftlichen Gruppen um öffentliche Selbstdarstellung, damals allerdings noch mit einer auflagenstarken eigenen Presse im Rücken. Die katholischen Tageszeitungen hielten vor 1933 allein zehn Prozent der gesamten Tageszeitungsauflage.[6] Der Start nach 1945 war günstig, weil die Kirchen von den Alliierten bevorzugt Zeitungslizenzen erhielten. Axel Springer bekam sie aber auch und mit ihm die Bild-Zeitung, die ein bis dato nicht bekanntes Maß an Kommerzialisierung und Sensationalisierung bewirkte, mithin neue, wenn auch nicht gerade erstrebenswerte journalistische Maßstäbe setzte. Parallel dazu verlief der Niedergang der sogenannten Gesinnungspresse, besonders evident bei der Sozialdemokratie und bei den Kirchen, deren Verständnis vom Zeitungsmachen als einer wichtigen Nebensache den neuen professionellen Anforderungen nicht mehr standhielt.[7]
- Von starkem Einfluß auf den Rückgang der Kirchenzeitungen ist außerdem die Tatsache, daß wir in der Bundesrepublik einen ziemlich intakten, nämlich pluralistisch strukturierten Wochenzeitungsmarkt haben. Die dort vertretenen Blätter wollen nicht vordergründig aktuell sein, sondern in

zeitlicher Distanz zu den Ereignissen Zusammenhänge erläutern, Hintergründe erhellen, den Dingen auf den Grund gehen, Orientierungswissen vermitteln und Orientierungshilfe leisten.[8] In diesem Umfeld hätte sich die Kirchenpresse nur behaupten können, wenn sie zusätzlich der Kirche als Institution, als offizieller Quelle von Verlautbarungen, als Mahner, Streiter, Helfer, als beispielhafte Einrichtung menschlichen Zusammenlebens in der Nachfolge Jesu zur Darstellung hätte verhelfen können.

Zusätzlich hatte die Kirchenpresse »Pech«, weil alle wichtigen Wochenzeitungen (Zeit, Deutsches Allgemeines Sonntagsblatt, Rheinischer Merkur und Christ und Welt, die beiden letzteren inzwischen vereint) mehr oder weniger christlich geprägt sind. Sonntagsblatt und Rheinischer Merkur werden sogar seit etwa zehn Jahren aus Kirchensteuermitteln offiziell subventioniert. Da bestand für die eigentliche Kirchenpresse mit ihrer eher ärmlichen personellen und sächlichen Ausstattung, mit ihrer Nähe zur Institution und ihrer Einbindung in die dortige Hierarchie keine wirkliche Entfaltungsmöglichkeit. Sie hätte woanders gesucht werden müssen.

– Für das insgesamt stiefmütterliche Dasein der Kirchenpresse gibt es eine weitere Ursache: Der öffentlich-rechtliche Nachkriegsrundfunk stand den Kirchen in doppelter Hinsicht offen. Die Kirche durfte mitwirken an der Programmkontrolle und in der eigenverantwortlichen Gestaltung kirchlicher Sendungen im Hörfunk und später auch im Fernsehen. Daß die eigene Presse nicht sonderlich attraktiv war, konnte so leichter verschmerzt werden.[9]

Seit Mitte bzw. Ende der siebziger Jahre haben beide Konfessionen nun Anstrengungen unternommen bzw. angekündigt, die kircheneigene Presse so zu stützen, daß sie zumindest ihren damaligen Besitzstand wahren sollte. Auflagenmäßig ist das nicht gelungen, wenn sich der Rückgang seitdem auch spürbar verringert hat. Frage also: Was steht in den Kirchengebietszeitungen und in der Bistumspresse, wie ist sie jetzt äußerlich gestaltet? Kann man ihr bessere Wirkungschancen als in den sechziger und siebziger Jahren einräumen?[10]

Dagegen spricht, daß Kirchenzeitungen nach wie vor für Insider gemacht sind, sie dienen vorwiegend der Selbstdarstellung von Kirchenleitungen, publizieren Predigten, dokumentieren kirchenjahrsabhängige Texte und Lesungen in großer Zahl.

Der übrige Lesestoff dient überwiegend der religiösen Innerlichkeit. Es fehlt die eigenständige, ereignisbezogene, aktuelle Berichterstattung und Einmischung bzw. sie ist an den Rand gedrängt. Journalistische Formen werden wenig variantenreich gehandhabt. Im Ergebnis handelt es sich um Erbauungspublizistik für eine kleine Minderheit innerhalb der Volkskirche. In dieser Form bleiben die Kirchenzeitungen wenig wirkungsvoll.

Allerdings muß festgehalten werden, daß unter den 35 Kirchenzeitungen in Form und Inhalt bemerkenswerte Qualitätsunterschiede bestehen, und zwar konfessionsunabhängig. Das war vor zehn Jahren noch anders; in der Zwischenzeit scheinen Sanierungsmaßnahmen einiger Landeskirchen und Bistümer gegriffen zu haben. Zweitens fristet die ereignisbezogene, aktuellere Berichterstattung nicht mehr jenes Schattendasein, das in früheren Jahren daran zweifeln ließ, ob es sich bei einzelnen Ausgaben wirklich um »Zeitungen« oder nicht vielmehr um Broschüren bzw. Traktätchen handelte. Dies ist darauf zurückzuführen, daß die Kirchenzeitungen zum bevorzugten Abnehmer jener Meldungen und Artikel geworden sind, die von den beiden kirchlichen Nachrichtenagenturen epd und KNA geliefert werden. Auf diese Weise wird ein gewisses Maß an journalistischem Standard erreicht, das sich nicht selten wohltuend vom übrigen Inhalt abhebt.[11]

Dieser an und für sich begrüßenswerten Entwicklung liegt allerdings ein Ereignisbegriff zugrunde, der uns die volkskirchliche Crux der Kirchenpresse vor Augen führt. Wo finden die meisten Ereignisse statt, über die epd und KNA und nach ihnen die Kirchenpresse berichten? Natürlich irgendwo im Einzugsbereich von Bischöfen, Kanzleien, Konsistorien, Synoden, Gremien, Kommissionen, also im amtskirchlichen Bereich. Die Kirchen haben ein berechtigtes Interesse daran, im pluralistischen Staat zu Wort zu kommen und gehört zu werden. Man denke nur an ihre allenthalben anerkannten Leistungen für das Gemeinwohl im pädagogischen, kulturellen und sozialen Bereich. Ihre Nachrichtenagenturen sind Instrumente kirchlicher Interessenwahrnehmung innerhalb der Gesamtgesellschaft, vermitteln Kirche nach außen, notwendigerweise in enger Tuchfühlung zu den Kirchenleitungen. In der innerkirchlichen Kommunikation sind amtskirchliche Selbstdarstellungen aber eher abschreckend, lassen die Kirchenzeitungen zur Verbands- oder Organisationspublizistik verkommen, wo Mitgliederpublizistik am Platze wäre. Dies ist einer der wichtigsten Gründe dafür, warum Kirchenmitglieder ihre Abonnements aufkündigen oder sich erst gar nicht auf die regelmäßige Lektüre der Kirchenzeitungen einlassen. Sie gelten als amtshörig, weit entfernt von den Alltagsproblemen, die die Menschen bewegen, aber auch nicht mit den für richtig gehaltenen innerkirchlichen Themenschwerpunkten.[12] So bleiben die Kirchenzeitungen eben Sache einer Minderheit, nach offizieller kirchlicher Statistik im evangelischen Bereich von 7 Prozent regelmäßig und von 17 Prozent gelegentlich gelesen, erfahrungsgemäß zwei eher noch zu hoch gegriffene Zahlen.[13]

Und in der Tat beherrscht die Amtskirche die Zeitungsseiten, wo aktuell berichtet wird: Beschlüsse, Verlautbarungen, Briefe, Statements, Protokolle, Amtseinführungen, Danksagungen, Wahlergebnisse, Denkschriften, Hirtenbriefe, Weisungen, Kanzelabkündigungen usw., usw. In einer Zeitung schreibt der Bischof wöchentlich selbst die Kolumne. Die Mitgliederkirche, ihre Initiativen von unten, Einwände, Diskussionen, Alternativen, Kontakte, ihre ökumenische Praxis, ihr ganzer Ideenreichtum kommen in der Regel zu kurz. Was da im einzelnen möglich wäre, zeigen die Kirchentage beider Konfessionen, über die natürlich ausführlich berichtet wird. In den Redaktionen unserer Kirchenzeitungen müßte aber immer Kirchentagsmentalität herrschen und nicht der Frust der Isolation.

In diesem Zusammenhang muß auch darauf aufmerksam gemacht werden, daß die Kirchenzeitungen nur sporadisch das Potential an Themen, Diskussionen und auch Innovationen zu nutzen verstehen, das die Akademien und Bildungseinrichtungen der Kirche permanent bereithalten. Nicht im Sinne einer Berichterstattung über deren Veranstaltungen – das geschieht häufig und ist auch gut so –, sondern im Sinne einer selbständigen publizistischen Bearbeitung der Themen, nur noch konkreter, situationsbezogener, praxisnäher. Beides, Kirchentagsmentalität und Akademieorientiertheit, verlangen zu deren journalistischer Umsetzung redaktionelle Mitarbeiter, die nicht nur gute »Handwerker« sind, sondern theologische, human- und gesellschaftswissenschaftliche Kompetenzen miteinander vereinen. Solche Mitarbeiter darf die Kirche hinsichtlich ihrer Arbeitsbedingungen und Freiräume unter gar keinen Umständen stiefmütterlich behandeln, wie häufig in Vergangenheit und Gegenwart geschehen. Sie sollte auch hier beispielgebend wirken.[14]

Beispielgebend und vorbildlich sollten Kirchenzeitungen vor allem in der Vermittlung theologischer Aussagen sein.[15] Hier liegt noch vieles im argen:

1. gehören theologische Abhandlungen nur in Ausnahmefällen auf die Titelseite, wollen sie nicht den Zeitungscharakter als solchen in Frage stellen.
2. sollten sie wirklich »Schreibe« und nicht Rede sein. Die Zeitung ist keine verlängerte Kanzel. In einem Text von 70 Zeilen waren allein 23 rhetorische Fragen.
3. kann nicht vorausgesetzt werden, daß jedermann die theologische Begrifflichkeit beherrscht, selbst Bibelkenntnis ist eher die Ausnahme.
4. wäre nicht der Amtsbruder durch kunstvolle, aber abgehobene theologische Interpretation zu beglücken, sondern der interessierte Laie, der den Text verstehen und nach Möglichkeit Nutzen aus ihm ziehen will.
5. bedarf es in der Zeitung aufgrund allgemeiner Leseerwartung und weil Zeitungen eben schnellebig sind, stets aktueller Bezüge, und zwar wirklicher und nicht künstlich arrangierter, die jede Aussage um ihre mögliche Wirkung bringen.
6. müssen die verwandten Bilder, Beispiele und sonstigen Bezüge aus der Erfahrungswelt heutiger Menschen stammen und nicht aus vorindustrieller Zeit. Und selbst das ist schon schwer genug, weil es auf dieser Welt nicht nur den Erfahrungsschatz gutsituierter Bildungsbürger gibt.
7. sind Bibelsprüche keine Lückenfüller (im wahrsten Sinn des Wortes). Spalten und Seiten lassen sich anders komplettieren, wenn beim Umbruch der Text nicht ganz reicht. Als »Einsprengsel« sind Bibelsprüche jedenfalls zu schade.
8. sollte der scheinbar nicht von dieser Welt stammende kirchliche »Kammerton« möglichst vermieden werden. Er deutet auf Abgeschlossenheit hin, auf »Kirche in der Kirche«, und nicht auf Offensein gegenüber jedermann.
9. darf der im Gottesdienst praktizierte einseitige Verkündigungsstil der Kirche (Stichwort: Kanzelbelehrung) nicht nahtlos auf deren Presse übertragen werden. Verkündigung kann nämlich sehr wohl durch beispielhafte Information und konstruktive Diskussion geschehen, ja selbst die kreative Unterhaltung in der Presse kann der Verkündigung dienen. Worauf es ankommt, ist die Erkenntnis, daß das »Wort

Gottes« mannigfache Ausdrucksformen hat und nicht in ein bestimmtes Verkündigungsritual gezwängt werden darf.

10. ist immer zu bedenken, daß im Prinzip jedem Thema eine spezifisch christliche Dimension abgewonnen werden kann, auch und gerade, wenn es nicht zu den klassischen Kirchenthemen zählt. Insofern sollte das auffallend eingeengte Themenspektrum unserer Kirchenpresse überwunden werden.

Ansonsten fällt auf, daß journalistische Vermittlungsformen wie Interview, Reportage, Kommentar oder gar Glosse, aber auch die bildhafte Illustration jeder Art, nur zaghaft gehandhabt werden. Es wird auch zu wenig selbständig recherchiert und zu viel auf vorgefertigtes, nicht pressespezifisches Material zurückgegriffen. Vermutlich sind in den kirchlichen Medien zu viele ungelernte Journalisten am Werk, um nicht zu sagen: zu viele Pfarrer. Die meisten Artikel werden »lieblos« ins Blatt gehoben: ohne Vorspann, Zwischenüberschriften, Schriftgradwechsel etc. Im übrigen sind auch viele Artikel zu lang, was sie mit den meisten Predigten gemeinsam haben. Ihr Inhalt ließe sich häufig ohne Aussagenverlust auf die Hälfte reduzieren. Daß dies nicht konsequent genug geschieht, signalisiert eine Schwäche der Redaktion. Man hat Hemmungen, Autoren in die formalen Schranken des Zeitungsmachens zu weisen. Schließlich stammen viele aus der kirchlichen Hierarchie, der man doch selbst angehört. Dies ist ein Dilemma nicht nur der Kirchenpresse, sondern der Verbands- bzw. Organisationspublizistik schlechthin. Sie wird im Sinne der Organisationsziele funktionalisiert und verliert damit jenen Freiraum, der erst gute journalistische Arbeit ermöglicht. Kritik an der Kirche bildet deshalb die Ausnahme, wo sie doch eigentlich die Regel sein müßte. Im Gegenteil, allzu heil erscheint die Kirchenwelt: in ihrer Theologie, aber auch in ihren »Werken«. Dabei darf Auseinandersetzung und Kritik nicht etwa nur der wissenschaftlichen Diskussion vorbehalten bleiben. Dort könnte sie zwar auch verstärkt werden, sie bedarf jedoch der Reflexion in der Kirchenpresse.

Die allermeisten Kirchenzeitungen sind weit entfernt davon, einzulösen, was eine von ihnen, die es allerdings noch am ehesten versprechen darf, in einer Eigenanzeige werbend von sich behauptet: »So wie heute können Sie jede Woche Kontakt zu Ihrer Kirche haben. Sie abonnieren das Berliner Sonntagsblatt, und Woche für Woche erhalten Sie aktuelle Nachrichten und

Kommentare, Betrachtungen und Berichte, Fotos und Zeichnungen, Informationen und Reportagen, Anregungen, Tips und Hinweise zur Teilnahme am kirchlichen Leben. Vielleicht merken Sie heute, daß zwischen Ihrer Tageszeitung und Ihrem Gemeindeblatt eine Menge ungesagt bleibt. Diese Lücke füllt das Berliner Sonntagsblatt. Es ergänzt und vertieft, was evangelische Bürger in dieser Stadt interessiert. Das Berliner Sonntagsblatt fördert das Gespräch zwischen allen, die am kirchlichen Leben teilnehmen. Es festigt die Verbindung zwischen den Lesern untereinander und die Verbindung des Einzelnen zu seiner Kirche. Für kirchliche Mitarbeiter ist es unverzichtbar, für Teilnehmer am Gemeindeleben eine Bereicherung, für Interessierte ein Einstieg, für Entfremdete ein letztes Bindeglied: wenigstens das Sonntagsblatt.«[16] Schön wär's ja – zu schön, um wahr zu sein.

Anmerkungen

1 Dabei handelt es sich um folgende Zeitungstitel: Aufbruch (Baden), Sonntagsblatt für die Ev.-Luth.-Kirche in Bayern, Berliner Sonntagsblatt, Niedersächsische Ev. Zeitung, Weg und Wahrheit (Hessen und Nassau), Kasseler Sonntagsblatt/Ev. Sonntagsbote für Kurhessen-Waldeck, Ev. Kirchenbote (Pfalz), Nordelbische Kirchenzeitung, Der Weg (Rheinland) mit Sonntagsgruß (Saarland), Unsere Kirche (Westfalen und Lippe), Oldenburger Sonntagsblatt, Sonntagsblatt für ev.-reformierte Gemeinden, Reformierte Kirchenzeitung.

2 Das sind: Kirchenzeitung (Aachen), Ulrichsblatt (Augsburg), St.-Heinrichs-Blatt (Bamberg), Petrusblatt (Berlin), Kirchenzeitung (Eichstätt), Ruhr-Wort (Essen), Konradsblatt (Freiburg), Bonifatiusbote (Fulda), Kirchenzeitung (Hildesheim), Der Sonntag (Limburg), Glaube und Leben (Mainz), Kirchenzeitung (Köln), MKKZ (München u. Freising), Kirche und Leben (Münster), Kirchenbote (Osnabrück), Der Dom (Paderborn), Passauer Bistumsblatt (Passau), Regensburger Bistumsblatt (Regensburg), Katholisches Sonntagsblatt (Rottenburg-Stuttgart), Der Pilger (Speyer), Paulinus (Trier), Würzburger Katholisches Sonntagsblatt (Würzburg).

3 Die Auflagenzahlen der Kirchenpresse in Anlehnung an K. Rüdiger Durth: Kirchliche Presse-Praxis. Ein Handbuch. Wiesbaden 1982, S. 31 ff. und S. 55 f.

4 vgl. zum Stand der wissenschaftlichen Diskussion bis Ende der siebziger Jahre Hans Joachim Dörger: Kirche in der Öffentlichkeit. Programme und Probleme ihrer publizistischen Repräsentanz. Stutt-

gart 1979. Danach u. a. Peter Christian Hall: Kommunikationsmangel. Zehn Thesen zur protestantischen Publizistik. In: Medium Nr. 11–12/1985, S. 14–16

5 s. Durth, a. a. O., S. 23

6 ebenda, S. 43

7 vgl. z. B. Manfred Kötterheinrich: Anmerkung zum Strukturwandel der bundesrepublikanischen Presse. In: Vorgänge Nr. 4/1976, S. 24

8 vgl. Anton Böhm: Notizen zur Aufgabe der Wochenzeitung. In: Kommunikation im Wandel der Gesellschaft. Otto B. Roegele zum 60. Geburtstag. Hrsg. v. E. Schreiber, W. R. Langenbucher u. W. Hömberg. Düsseldorf 1980 (Journalismus. 15), S. 137–145

9 Zur privilegierten Stellung der Kirchen im Rundfunk vgl. u. a. Publizistischer Gesamtplan der Evangelischen Kirche in Deutschland. Gütersloh 1979, S. 192

10 Die empirische Basis zur Beantwortung solcher Fragen ist nach wie vor schmal. Es gibt allgemeine Hinweise in der Sekundärliteratur (vgl. z. B. Durth, a. a. O., S. 26 f.), die aber wissenschaftlich nicht abgesichert erscheinen. Auch uns ist eine Repräsentativität beanspruchende Inhaltsanalyse wegen unterschätzten Arbeitsaufwandes in den Anfängen steckengeblieben. – Die Katholische Kirche hat 1975 Leser und Abbesteller nach ihren Informationserwartungen und Einstellungen gegenüber der Bistumspresse befragen lassen. Vgl. Ferdinand Oertel: Radikalkur für die Kirchenpresse? In: Communicatio Socialis Nr. 10/1977, S. 116–123

11 vgl. Durth, a. a. O., S. 36 ff. u. 50 ff

12 vgl. u. a. Gottfried Mehnert: Evangelische Presse. Bielefeld 1983 (Ev. Presseforschung. 4). S. 376 ff

13 vgl. Johannes Hanselmann u. a. (Hg.): Was wird aus der Kirche? Ergebnisse der zweiten EKD-Umfrage über Kirchenmitgliedschaft. Gütersloh 1984, S. 228 f.

14 vgl. Publizistischer Gesamtplan ..., a. a. O., S. 116–127. Das Problem ist erkannt; nur was geschieht zu seiner Lösung?

15 vgl. Gerhard Meier-Reutti: Politik der Unpolitischen. Kirchliche Presse zwischen Theologie und Gemeinde. Bielefeld 1976, (Ev. Presseforschung. 3), insbesondere S. 418 ff. Vgl. auch Helga Frisch: Theologische Anforderungen an kirchliche Medienarbeit. In: Kirche und Öffentlichkeit (erscheint demnächst)

16 s. Berliner Sonntagsblatt Nr. 20 v. 18. 5. 1986, S. 8. Die Anzeige war in einer Ausgabe plaziert, mit der in einem bestimmten Berliner Kirchenkreis gezielt um neue Abonnenten geworben wurde.

7. Fünf Minuten Gott – Verkündigungssendungen in Hörfunk und Fernsehen

Am heutigen Samstagabend war die Fernseh-Familie sich einig gewesen bei der Programmwahl für den ersten Teil des Abends: Thorsten (15) und Heike (13) hatten sich gemeinsam mit ihren Eltern das Lustspiel aus dem Theater am Kurfürstendamm angesehen und bei durstförderndem Salzgebäck und Süßigkeiten fast zwei Literflaschen Cola geleert. Neben Herrn B. standen am Ende der Sendung drei leere Bierflaschen, Frau B.'s Zigarettenkippen füllten den Aschenbecher. Aber als die Hausfrau nun aufzuräumen begann, winkte Herr B. sie zurück: Er hatte mit einem Arbeitskollegen nach einem neuen System eine 12er-Wette ausgefüllt und wartete auf den erhofften Geldgewinn. Als mit den Kugeln aus dem großen Behälter seine Hoffnungen heruntergetropft und zerplatzt waren, nahm Frau B. ihre ordnenden Handgriffe wieder auf, und Heike ging in die Küche, um eine neue Colaflasche zu holen. »Kann man denn hier nicht einmal in Ruhe die Nachrichten sehen?«, fragte Herr B. etwas unmutig, rief aber dann Heike in die Küche nach: »Bring mir doch bitte noch ein Bier mit.« Frau B. setzte sich zurück vor den Fernseher, nicht ohne die von Heike mitgebrachte Bierflasche zu kommentieren: »Aber Alfred, das ist jetzt schon die vierte Flasche.« »Na und? Morgen ist Sonntag, und wir können ausschlafen.« »Und dein Bierbauch bleibt dir auch am Montag noch erhalten.« »Wer im Glashaus sitzt, soll nicht mit Steinen werfen, wo die Süßigkeiten von heute abend sich ablagern, sieht man ja auch.«
Nach den Nachrichten drängte Thorsten: »Kann ich umschalten aufs andere Programm?« »Immer diese blöde Sportschau«, beklagte sich Heike, »ich möchte viel lieber den Spielfilm im Ersten sehen.« »Sport ist wichtiger, und außerdem haben wir Männer jetzt die Mehrheit« – mit einem Knopfdruck ließ Thorsten den Ansager aus dem 1. Programm verschwinden und holte einen Sänger ins Bild, der mit halb ausgebreiteten Armen und hohem Stimmaufwand »Melodien für Millionen« sang.

»Die Sportschau kommt sowieso immer später«, sagte Frau B., da kann ich ja wohl noch das »Wort zum Sonntag« sehen. Sie schaltete ins 1. Programm zurück. »Von mir aus«, antwortete Herr B., »ich wollte sowieso noch einmal austreten.«
»Nimm deine leeren Bierflaschen mit«, unterbrach Frau B. den Pfarrer, dessen Gesicht ernst und unbeweglich auf dem Bildschirm stand, während er gerade ein »heiteres Erlebnis« erzählte, das er gehabt habe. Aber Herr B. hatte die Bierflaschen schon pflichtbewußt in die Hand genommen: »Tu ich doch sowieso«, sagte er im Herausgehen, während der Pfarrer seine Zuhörer fragte, ob es ihnen nicht auch oft so ginge, daß ein heiteres Erlebnis ihnen Kraft gäbe und auch Glauben. Thorsten folgte seinem Vater zur Toilette, Frau B. hörte weiterhin dem ernst und starr aussehenden Pfarrer zu, der von der Freude des Evangeliums sprach, während sie mit dem Handrücken Kekskrümel von der Tischdecke fegte. »Findest du den gut?« fragte Heike ihre Mutter. »Ich finde ihn langweilig, er macht immer dasselbe Gesicht und spricht überhaupt nicht wie normale Menschen.«
Herr B. betrat erwartungsvoll das Zimmer und fragte: »Ist er immer noch nicht fertig?« und – zu dem redenden Pfarrer gewandt: »Beeil dich, wir wollen gleich die Sportschau sehen.« Als habe der Kirchenmann darauf reagiert, brach er unmittelbar darauf seine Ansprache ab und wünschte den Fernsehzuschauern noch einen guten Abend und einen gesegneten Sonntag. Beides begann für Familie B. im 2. Programm.

Wenn diese Geschichte nicht nur frei erfunden, sondern die gewünschten Realitätsbezüge hat, dann lassen sich vor ihrem Hintergrund einige Behauptungen aufstellen, die unsere Ausgangsthese von den verpaßten Chancen der Volkskirche erneut und in einem sehr wichtigen Bereich bestätigt. Wichtig deshalb, weil das »Wort zum Sonntag« nach nunmehr 30 Jahren seiner Existenz so etwas wie eine Institution im deutschen Fernsehen darstellt: ein Fixpunkt im Programm, vergleichbar dem ZDF-Sportstudio, Lembkes »Heiterem Beruferaten«, der Übertragung der Lottozahlen oder den freitäglichen Talkshows im Dritten. Die Wirkungschance, die mit diesem Programmplatz verbunden ist, bleibt weithin ungenutzt.
Wie man auch immer dazu steht: Tatsache ist, daß Fernsehen gerade am Samstagabend zur Hauptfreizeitbeschäftigung der Deutschen geworden ist, und zwar Fernsehen in Gesellschaft,

in der Familie oder im Bekanntenkreis. Vom Fernsehangebot am Samstagabend hängt teilweise die Stimmung des gesamten Wochenendes ab. Und die Leute sehen selbstverständlich länger fern als an anderen Wochentagen. Sie reden auch mehr als gewöhnlich über das, was sie dort sehen. Ihre Erwartungen gehen natürlich in Richtung »Unterhaltung«, einschließlich der unterhaltenden Information. Wer sollte auch etwas dagegen einzuwenden haben, daß Menschen sich entspannen wollen, wenn sie dabei nicht für dumm verkauft, vor den Karren kommerzieller oder auch politischer Interessen gespannt oder zu unmenschlichen Verhaltensweisen (z. B. Gewaltanwendung, Prostitution, Alkoholkonsum) stimuliert werden. Aus der massenmedialen Wirkungsforschung weiß man allerdings, daß – vielleicht außer bei Jugendlichen, und das ist natürlich beängstigend genug – Fernsehen nicht zu irgendwelchen Reaktionen verführt, wenn die mentalen und affektiven Voraussetzungen im Menschen nicht schon vorhanden sind. Vorhandene Einstellungen können also verstärkt werden, alles andere bedeutet die Ausnahme von der Regel.

Dies also ist der Zusammenhang, in dem das »Wort zum Sonntag« steht: Auf Unterhaltung hin orientierte Zuschauermassen – wenn man so will: die ganze Volkskirche – befinden sich meist in geselliger Runde vor dem Fernsehschirm und harren der Dinge, die da kommen sollen. Sie warten nicht auf das »Wort zum Sonntag«, sondern nehmen es mehr oder weniger interessiert in kauf, weil sie von ihm nichts Neues, nichts Konkretes, nichts Wichtiges, nichts Überraschendes und schon gar nichts Unterhaltendes erwarten. Mithin werden diese von Kirchenseite so hoch geschätzten »Fünf Minuten Gott« von der großen Mehrheit der Zuschauer als Pause, als Zeit zum Programmsprung, als Gelegenheit zum Bierholen oder -wegbringen genutzt – die städtischen Wasserwerke wissen ein Klagelied davon zu singen, weil die Kanalisation millionenfach belastet wird. Und diejenigen, die wirklich zuschauen, bekommen wenig zu sehen, nämlich eine sitzende Person, die auf sie einredet, die nur redet, sich nicht bewegt, nichts vorführt, nichts in Gang setzt, die natürlich nicht unterhalten will, sondern erklären, belehren, ermahnen, appellieren, die einigen wenigen aus dem Herzen spricht, von den meisten jedoch als Bestätigung ihrer Vor-Urteile über Kirche und das »Bodenpersonal Gottes« empfunden wird: viel Wort, aber unverständlich; viel Zuspruch, aber unpersönlich; viele Fakten, aber altertümlich. Genauso

kann man die Prediger morgens beim Rasieren oder beim Frühstück oder auf der Autofahrt zur Arbeitsstelle erleben, und so hat man den Pfarrer noch von der letzten Beerdigung, vom Taufgottesdienst der Kinder und von der Weihnachtspredigt in Erinnerung. Überhaupt erscheint alles, was Kirche zu sagen hat, nicht nur eintönig und einförmig, sondern auch inhaltlich vollkommen gleich. Egal ob gefeiert oder getrauert wird, ob in der Kirche, auf dem Friedhof, im Radio oder im Fernsehen – es geht immer um dogmatische Kernsätze.
Diese Wirkungsskizze vom »Wort zum Sonntag« beruht nicht nur auf subjektiver Wahrnehmung und Einschätzung, sondern läßt sich im wesentlichen wissenschaftlich belegen.[1] Aber auch in diesem Falle wurde nicht nur auf vorhandene Sekundärliteratur zurückgegriffen, sondern eine neue kleinere Untersuchung initiiert.[2] Hans Erich Thomé geht darin dem Mißverhältnis von vergleichsweise großer Sehbeteiligung und geringer Wirkung gezielt nach. Während bei der Übertragung von Feiertagsgottesdiensten oder der kirchlich verantworteten »Kontakte«-Sendung eine vergleichsweise geringe Sehbeteiligung zu verzeichnen ist, sehen das »Wort zum Sonntag« 87 %, 86 % und 74 % der an religiösen Fragen sehr, mittelmäßig und gering interessierten Zuschauer. »Die Volkskirche bildet sich offenbar in der Sehbeteiligung des ›Wort zum Sonntag‹ besser ab als in jeder anderen kirchlichen Sendung in Rundfunk und Fernsehen.«[3] Auch im Hinblick auf Schulbildung, Geschlecht und Alter entspricht die Sehbeteiligung des »Wort zum Sonntag« ziemlich exakt der Struktur der mediennutzenden Gesamtbevölkerung.
Da die hohe Sehbeteiligung aber nicht auf religiöses Interesse oder kirchliche Gebundenheit zurückgeht und auch die besondere Attraktivität dieses Programmpunktes als Ursache für die hohe Sehbeteiligung ausscheidet, stellt sich die Frage nach dem Einfluß des Programmumfeldes. Dessen Untersuchung ergab, daß die mediennutzende Gesamtbevölkerung mehr oder weniger zufällig dem »Wort zum Sonntag« zwischen den großen Blökken samstagabendlicher Unterhaltungssendungen begegnet. »Sie wählt das ›Wort zum Sonntag‹ nicht aus und wählt es nicht ab, sondern findet es vor, wie der Passant auf dem Weg von einem Supermarkt zum anderen einen kleinen Laden vorfindet.«[4]
Deshalb sind aber die Möglichkeiten dieser kirchlichen Sendung dennoch nicht gering zu achten. Denn es fragt sich ja, »wo die Verkündigung der Kirche überhaupt noch aus der Nische

sakraler Räume, kerngemeindlicher Gruppen, ausgrenzender Riten und einer ausgesprochen subkulturellen Sprache herausfindet und dadurch ihren Anspruch auf Öffentlichkeit auch einlöst.«[5] So gesehen, ist »Laufkundschaft«, sind zufällig vorbei kommende Passanten ein Glücksfall. Denn nur dadurch hat das »Wort zum Sonntag« die Chance, mehr zu bewirken als die »Pflege längst gefangener Fische« (H. J. Schultz).
»Diese Chance wird verspielt, wenn naiv und gedankenlos so geredet wird, als ob man es in der massenmedialen Kommunikation des ›Wort zum Sonntag‹ mit alten Bekannten und gewachsenen Beziehungen zu tun hätte. Diese Chance wird verspielt, wenn dogmatische Halbwahrheiten wie die von der Selbstmächtigkeit des Wortes oder Selbstberuhigungen der Kommunikatoren wie die vom Geist, der weht, wo er will, als Entschuldigungen für mangelnde Reflexion über die Kommunikationsumstände genommen werden und mangelnde Kreativität und Sorgfalt vertuschen. Diese Chance besteht dann, wenn die Begegnungen mit dem Zuschauer als zufällige, tendenziell flüchtige und unverbindliche wahrgenommen werden, wenn also die faktische Abhängigkeit der Einschaltquote vom Programmfeld ernstgenommen wird und sich inhaltlich und gestalterisch auswirkt.«[6]
Wie kann man den Zuschauer in seiner indifferenten Einstellung gegenüber dem »Wort zum Sonntag« herausfordern, wobei angesichts des Millionenpublikums selbst eine minimale Zunahme des Interesses schon ein großer Gewinn für die Volkskirche wäre? Es gibt vor allem zwei Ansatzpunkte, die eigentlich sehr naheliegen, dennoch allen Beteiligten seit geraumer Zeit Kopfschmerzen bereiten. Zu erneuern wäre einerseits die Form der Sendung, ihre Präsentation im Medium, andererseits die Theologie, die der Mehrzahl der inhaltlichen Aussagen zugrunde liegt. Beides hängt eng miteinander zusammen und müßte im Gleichklang reformiert werden.
Thomé stellt unter anderem folgende Forderungen auf:[7] Sprecher und Sprecherinnen des »Wort zum Sonntag« müßten längere Zeit hindurch eingesetzt werden, damit die Zuschauer die Botschaft mit dem Boten identifizieren könnten. Dazu wäre es notwendig, daß diese Sprecher(innen) zeitweise von anderen Aufgaben entlastet würden, damit sie eine gewisse Professionalität und Souveränität gegenüber dem Medium entwickelten. In kirchlichen Studios müßten mehr Werkstattcharakter und mehr Experimentierfreude herrschen, damit Berührungsängste ab-

gebaut und Rückmeldungen kontrolliert werden könnten. Auch nonverbale Verhaltensäußerungen sollten eingeübt werden.

Im Hinblick auf die szenische Präsentation gibt es zur Zeit nur ein oder zwei Kameraeinstellungen, wenn ein Sprecher vier Minuten lang redet. Manchmal werden auch Bilder eingeblendet, oder der Hintergrund wird mehrfach elektronisch ausgewechselt. Hier gibt es eine klare Alternative: Entweder die Sendung wird bestimmt von einem Menschen, der dann auch in wechselnden Szenen aus dem Garten oder aus dem Auto sprechen kann – dann hat die filmische Präsentation nur dienende Funktion. Oder die Sendung erhält viele Schnitte und viel Aktion, aber dann braucht sie ein ganz neues Konzept. Der Passant sucht Raum und Ruhe hineinzuschauen, zu bleiben oder sich wieder zu verabschieden. Auf dem Weg von einem Supermarkt zum anderen sucht der Zuschauer nicht einen weiteren Mini-Supermarkt, sondern wohl eher ein Straßencafé, in dem er für einen Augenblick aufatmen und verweilen kann.[8]

Bei den morgendlichen Andachten im Hörfunk liegen die Probleme ähnlich wie beim »Wort zum Sonntag«.[9] Diese Drei- bis Fünf-Minuten-Sendungen, die wie Gottesdienst-Übertragungen in der alleinigen Verantwortung der Kirchen liegen, werden seit jeher werktäglich zwischen sechs und neun Uhr meistens in mehreren Programmen aller Landesrundfunkanstalten ausgestrahlt, in einer Zeit also, in der das Radio die größten Reichweiten des Tages aufweist. Nicht weil zu dieser Morgenstunde das Fernsehen pausiert, hört die Nation verstärkt Radio, sondern weil sie dies als Nebenbeschäftigung tun kann, begleitend zur Morgentoilette, zum Frühstück oder auch zur frühmorgendlichen Autofahrt. Dabei interessieren vor allem die Zeitansage, die Wettervorhersage, der Straßenverkehrszustand, aber auch das Neueste aus aller Welt. Aufmunternde Musik mögen die allermeisten Menschen um diese Zeit ebenfalls.[10]

In jenen Magazinprogrammen aus Musik, Aktuellem und Service ist auch die Morgenandacht plaziert, und sie wirkt in einem solchen Umfeld wie ein Fremdkörper: nicht dem aktuellen Geschehen verpflichtet, sondern eher dem Kirchenjahr, meist ernst und feierlich und nicht unverkrampft fröhlich, monologisch und nicht dialogisch aufgebaut, die journalistischen Formen vermeidend, häufig hilflos im Erteilen von Ratschlä-

gen und Anregungen für das Alltagsverhalten aus christlicher Sicht. Volksmissionarische Gelegenheiten im weiteren Sinne, die in der Regel ungenutzt verstreichen.
Einschlägige Hörerbefragungen bestätigen diesen Sachverhalt zwar nur zum Teil, doch es wird gleichzeitig darauf hingewiesen, daß die abgefragten Antworten nicht ganz ehrlich sind, weil viele Leute dem Interviewer und damit auch sich selbst nicht eingestehen wollen, daß sie im Grunde genommen mit dieser Art von Morgenandacht nur wenig anfangen können, die sie befremdet, wenn sie denn tatsächlich mal hinhören, aber nicht wirklich stört, weil sie ja ohnehin anderweitig beschäftigt sind. Jedenfalls ist nur ein ganz geringer Prozentsatz von Hörern in der Lage, auch nur Bruchstücke einer Morgenandacht auf Befragen wiederzugeben, und bei denen, die das können, handelt es sich um Mitglieder von Kerngemeinden.[11]
Was ist zu tun, um vergleichbar dem »Wort zum Sonntag« den Morgenandachten zu mehr Reputation und damit Wirkung zu verhelfen? Was doch vor allem heißt, sie auch für Randchristen und volkskirchlich Abstinente als sinnvolles Orientierungsangebot attraktiver zu machen. Natürlich wird mit einer solchen Fragestellung kein Neuland betreten; die Diskussion darüber läuft seit Jahren, es ist wohl auch schon einschlägig experimentiert worden, nur geändert hat sich nichts. Sind die Widerstände in Theologie und Publizistik, in der Amtskirche und in den Rundfunkanstalten denn wirklich unüberwindbar, wenn es um die Rückgewinnung einer volkskirchlichen Chance geht? Gegenwärtig jedenfalls bedient die Kirche ihre »Kunden« auch auf diesem Sektor mehr schlecht als recht. Deshalb nachfolgend ein kleiner Forderungskatalog zur Morgenandacht im Hörfunk.

1. Wenn Radio-Hören am Morgen Nebenbeschäftigung ist, muß die Andacht um so leichter hörbar sein, das heißt verständlich, in ihrer Aussage auf wenige Kerngedanken beschränkt, terminologiefrei, am Weltbild eines »Normalverbrauchers« anknüpfend.
2. Wenn Radio-Hören am Morgen auch aus Interesse am aktuellen Geschehen erfolgt, kann die Andacht nicht Wochen vorher produziert werden, sondern muß in unmittelbarer zeitlicher Nähe zum Sendetermin entstehen, damit zumindest die »Nachrichtenlage« vom Vortage berücksichtigt werden kann.
3. Wenn Radio-Hören am Morgen der Vielfalt journalistischer

Formen Gefallen abgewinnt, sollte die Andacht nicht in ihrer traditionell monologischen Rede erhalten bleiben. Warum kein Moderatoren-Gespräch mit dem als Gast im Studio anwesenden Pfarrer, warum kein Telefon-Interview, warum nicht der (theologische) Kommentar, warum nicht der Versuch, ein sogenanntes Minutenhörspiel anstelle der Andacht zu senden? Selbst eine Kurzreportage und auch die Montage von O-Tönen wären denkbar.

Pfarrer sind keine Journalisten. Treten sie aber im Rundfunk auf, müssen sie sich auf das theologische »Tagesgeschäft« einlassen. Dazu bedarf es einer zusätzlichen Ausbildung und ständigen Trainings.

Anmerkungen

1 vgl. u.a. Horst Albrecht: Kirche im Fernsehen. Hamburg 1974 (Konkretionen. 14); Erwin Koller: Religion im Fernsehen. Zürich 1978; Das Wort zu Sonntag. GEP-Texte 1979, Nr. 2; vgl. auch Hans Joachim Dörger: Kirche in der Öffentlichkeit. Stuttgart 1979, sowie die einschlägigen Passagen in: Publizistischer Gesamtplan der Evangelischen Kirche in Deutschland. Gütersloh 1979

2 vgl. Hans Erich Thomé: ›Das Wort zum Sonntag‹ als Bestandteil des Fernsehprogramms. Unveröffentl. Manuskript, erscheint demnächst innerhalb eines Sammelbandes über »Kirche und Öffentlichkeit«

3 s. Thomé, a.a.O., S. 4. Thomés Schlußfolgerung basiert auf einer Befragung der Infratest-Medienforschung: Die kirchlichen Sendungen im Hörfunk des Hessischen Rundfunks. Berichtsband. München 1980 (Masch. verv.).

4 s. Thomé, a.a.O., S. 10

5 ebenda

6 ebenda

7 ebenda, S. 15f.

8 vgl. Thomé, a.a.O., S. 17f.

9 An einführender und zugleich vertiefender Literatur sei u.a. hier genannt Horst Albrecht (Hg.): Christus hinter Sprachbarrieren. Stuttgart 1974; Manfred Linz: ...in der Wolle christlich gefärbt. Kirchliches im Rundfunk. In: Medium Nr. 1/1977, S. 14–16; Infratest-Medienforschung, a.a.O. (insbesondere die einleitenden Abschnitte); Themenheft: Kirche und elektronische Medien. Medium Nr. 9–10/1982 (einschlägig die Beiträge von Jürgen Goetzmann und Susanne Sturm). – In einem theologischen Fachverlag erscheint demnächst in dem schon erwähnten Sammelband über »Kirche und

Öffentlichkeit« eine Untersuchung der Morgenandachten von Christian Birkholz und Bodo Baumgardt, in der eigens erhobenes neueres empirisches Material verwandt wird.

10 vgl. Infratest-Medienforschung, a. a. O., S. 74

11 ebenda, S. 112

8. »Wenn ich einmal soll scheiden« – kirchlich unter die Erde

Der Versicherungsvertreter Günter M. ist im Alter von 37 Jahren bei einem Verkehrsunfall tödlich verunglückt. Er hinterläßt eine 32jährige Frau und einen vierjährigen Sohn. Die Mutter der jungen Frau wohnt am Ort und sorgt für den verstörten Enkel; Mutter und Schwester des Verstorbenen sind sofort nach der Todesnachricht aus Hamburg nach Berlin gekommen und unternehmen gemeinsam mit der Witwe die notwendigen Schritte beim Bestattungsinstitut.

In der Todesanzeige heißt es, daß Günter M. »durch einen tragischen Unfall aus einem erfüllten Leben herausgerissen wurde«. So formulierte der hilfreiche Agent die für die Angehörigen besonders belastende Tatsache, daß der Verunglückte durch stark überhöhte Geschwindigkeit und Mißachtung der Vorfahrt den Unfall mit verursacht hatte. Frau M. wird – bestärkt durch ihre Verwandten zu einem teuren Eichensarg überredet. Sie wählt eine üppige Blumendecke aus roten Rosen und die größten Leuchter für die Feierhalle; es soll schließlich »eine schöne Beerdigung« werden, »wie sie der liebe Verstorbene verdient hat«, und »diesen Rahmen sind Sie ihm auch schuldig wegen der Geschäftsfreunde« – wie man im Institut erläutert.

Günter M. war Mitglied der evangelischen Kirche, »es gibt also keine Komplikationen«, registriert der Vertreter der Bestattungsfirma geschäftsmäßig. Einer kirchlichen Trauerfeier steht nichts im Wege, denn »Günter war schließlich ein anständiger Mensch und soll ordentlich unter die Erde«, stellt seine Mutter erleichtert fest, denn gelegentlich hatte Günter M. durchaus einen Kirchenaustritt erwogen. Die Bestattung wird im evangelischen Pfarramt angemeldet, Familie M. erhält durch das Pfarrbüro einen Termin für die nächste Sprechstunde des Pfarrers und sucht ihn am folgenden Tag in seinem Amtszimmer auf.

Pfarrer B. sitzt hinter seinem Schreibtisch und vor einer großen

Bücherwand, an der einen Wand hängt ein Kreuz, an der anderen ein eingerahmter Spruch, sonst sieht es eher kahl aus. Frau M. kommt sich vor wie beim Arzt und hat das undeutliche Empfinden, der Pfarrer werde schon wissen, was zu tun sei. Ihre Erinnerung ist zusammengeschrumpft auf die Unfallsituation; sie ist gefangen in diesem Augenblick, spricht stockend von dem Schock und der Belastung, die sie getroffen haben. Pfarrer B. unterbricht sie mit beruhigenden Worten, sammelt dann mit kurzen Fragen einige Daten aus dem Leben des Günter M. bei der Schwiegermutter ein und verabschiedet die Besucher höflich nach einem abschließenden Gebet.

Am Tag der Trauerfeier ist die Friedhofskapelle mit mehr als 80 Trauergästen besetzt. Verwandte, Freunde und Nachbarn bezeugen der Familie ihre Teilnahme, Kollegen, Kunden und Bekannte aus dem Kleingärtnerverein geben dem Verstorbenen das letzte Geleit. Die Orgel spielt eine Choralmelodie, dann tritt der Pfarrer ans Rednerpult und spricht mit gehobener Stimme: »Die Gnade Gottes, des Vaters und des Sohnes und des Heiligen Geistes sei mit euch allen. Unsere Hilfe steht im Namen des Herrn, der Himmel und Erde gemacht hat.«

»Darin ist erschienen die Liebe Gottes unter uns,
daß Gott seinen eingeborenen Sohn
gesandt hat in die Welt,
daß wir durch ihn leben sollen.«
»Ehre sei dem Vater und dem Sohn und dem Heiligen Geist.
Wie es war im Anfang, jetzt und immerdar
und von Ewigkeit zu Ewigkeit.«

»Wir beugen uns unter den Ratschluß des allmächtigen Gottes,
der das Leben gibt und das Leben nimmt
nach seiner Weisheit und hören Gottes Wort aus dem 90. Psalm ...«

Die meisten Zuhörer sind weit entfernt und längst entwöhnt von gottesdienstlichen Formeln und kirchlicher Sprache. Sie fühlen sich in eine fremde Welt versetzt und kommen sich vor wie Kinobesucher, die in den falschen Film geraten sind. Bedeutungsschwere Worte strömen auf sie herab: Vater, Sohn und Heiliger Geist, Himmel und Erde, Gnade und Hilfe, Liebe und Weisheit – nur eines kommt nicht vor: Trauer und Betroffenheit, Schmerz und menschliche Fassungslosigkeit. Sie hören von jenem »eingeborenen Sohn« und »daß wir durch ihn leben sollen« – aber ist denn nicht jemand gestorben? Dafür soll einem dreiteiligen Gott Ehre erwiesen werden, den hier im Augenblick niemand versteht. Sollte man ihn nicht etwas fragen? Kann man sich beschweren? Antwortet er nicht auf Klagen? Unverständlich wie der Tod, wie der aufgebahrte Sarg, unpersönlich wie das Schicksal wirken diese religiösen Worte. Der Pfarrer erscheint wie ein Beamter des Todes, als sei er mit dieser Macht im Bunde, die keiner durchschaut.

Seine Stimme gewinnt an Lautstärke und Eindringlichkeit beim Übergang zum 90. Psalm. Mitten in diesem Psalm fängt Frau M. an zu weinen. Sie hat zwar Beruhigungstabletten genommen und konnte den Worten des Pfarrers auch zum Teil nicht mehr folgen, aber dann wird sie aufgeschreckt durch die Sätze: »Das macht dein Zorn, daß wir so vergehen und dein Grimm, daß wir so plötzlich dahinmüssen. Denn unsere Missetaten stellst du vor dich, unsere unerkannte Sünde ins Licht vor deinem Angesicht. Darum fahren alle unsere Tage dahin durch deinen Zorn, wir bringen unsere Jahre zu wie ein Geschwätz...« »Zorn« und »Grimm« Gottes über »Missetaten« und »Sünde« münden für sie ein in die Unfallsituation – aber der Pfarrer hat ja nichts von der Art des Unfalls erfahren...? »Gott sieht alles«, das ist ihr noch aus Kindertagen im Gedächtnis. Sie sinkt zusammen, ihre Mutter legt den Arm um sie und gibt ihr ein Taschentuch.

»Wir hören den Trost aus Gottes Wort«, fährt nun der Pfarrer fort und liest aus dem Neuen Testament einen längeren Abschnitt vom »guten Hirten«, der »für die Seinen sorgt«, die »seine Stimme hören« und ihm folgen. Pfarrer B. beschließt diese Lesung mit den Worten: »Dank sei dir, o Christe, hochgelobt in Ewigkeit.« Mehr als sieben Minuten sind vergangen, ehe er mit einem weiteren Bibelwort seine Ansprache beginnt. Er greift die Worte der Todesanzeige vom »tragischen Unfall« auf, schildert kurz den persönlichen und beruflichen Werdegang von Günter M., spricht von dem treusorgenden Ehemann und Vater, der rastlos für seine Familie unterwegs war, ständig im Einsatz auch für seine Firma, die seine Verdienste mit einem großen Kranz gewürdigt hat. Das Weinen von Frau M. ist ruhiger geworden, sie fühlt sich entlastet. Das Leben ihres Mannes scheint ihr durch die Worte des Pfarrers feierlich entrückt und fast fremd, aber sie hat doch das Empfinden, daß dies alles seine Ordnung habe und folgt nach dem Schlußgebet gefaßt dem Sarg zum Grab, gestützt von Mutter und Schwiegermutter.

Für kirchliche Trauerfeiern gibt es in der evangelischen Kirche keine Vorschriften, sondern nur Vorschläge, die in einer Agende für kirchliche Amtshandlungen enthalten sind – einer Art Handlungsempfehlung für volkskirchliche Anlässe. Nach diesem Muster finden sich in kirchlichen Trauerfeiern einzelne Sätze aus dem Rahmen des Sonntagsgottesdienstes in Verbindung mit verschiedenen biblischen Lesungen. Das »Wort Gottes«, das in Trauersituationen betroffenen Menschen zugesprochen werden soll, wird bei einem solchen Ablauf nahezu mit dem Wort der Bibel gleichgesetzt. Da allerdings die vorgeschlagenen und ausgewählten biblischen Textabschnitte aus ganz unterschiedlichen Zeiten und Situationen stammen, stehen oft Aussagen von völlig entgegengesetztem Inhalt dicht nebeneinander, wobei eindringliche Ermahnungen und Bußrufe mit freudigen Glaubensaussagen und Lobsätzen abwechseln, ohne daß ein Zusammenhang für die Zuhörer ersichtlich ist oder hergestellt wird.

Häufig wird nach einem tröstlichen biblischen Eingangsspruch mit den Worten des 90. Psalms (oder ähnlichen Psalmworten) die Vergänglichkeit des Lebens auf den Zorn Gottes über die Sünde des Menschen zurückgeführt, der Tod erscheint als Strafe für menschliche »Missetaten«, als »der Sünde Sold«. Die Fragen der Zuhörer gehen in Situationen der persönlichen Betroffenheit genau in die umgekehrte Richtung: Wie kann Gott zulassen, daß Menschen so leiden müssen? Warum sind gerade wir von einem solchen Schicksal getroffen worden? Warum hat ein solcher Mensch sterben müssen – er hatte doch noch so viele Aufgaben im Leben zu erfüllen...? Fragen dieser Art gelten häufig als unangemessen und werden nicht aufgegriffen und beantwortet; biblische Antworten der geschilderten Art sind nicht gefragt.

Genauso unverständlich wie Dokumente göttlicher Zornesausbrüche ist aber für die Zuhörer meist auch das unvermittelte Auftauchen hymnischer Danksagungen und Lobpreisungen, die ihnen in der Trauersituation nicht nachvollziehbar erscheinen. Manchmal berührt es die Zuhörer fast wie Hohn, wenn im Augenblick des Verlustes und der Verlassenheit davon gesprochen wird, daß »die Gnade und Mitmenschlichkeit Gottes erschienen« sei, daß »durch die herzliche Barmherzigkeit unseres

Gottes« uns der »Aufgang aus der Höhe besucht« habe, daß »Gott seinen eingeborenen Sohn geschickt« habe, »damit wir durch ihn leben sollen«, oder wenn auch nur verkündigt wird, daß »Jesus Christus dem Tod die Macht genommen« habe.
Solche Aussagen der Bibel sind von Menschen in bestimmten Situationen aufgezeichnet worden als Lebens- und Glaubenserfahrungen gläubiger Christen. Sie haben den Charakter der Anrede und des gemeinsamen Bekennens. Selbst für Menschen, die der Kirche nahestehen, sind aber solche komprimierten Bekenntnisse heute ohne Erläuterungen nur schwer verständlich. Mitglieder der Volkskirche, die oft jahrelang keinerlei Kontakt zur Kirche mehr gehabt haben, können aber erst recht nicht in bestimmten Ausnahmesituationen mit solchen biblischen Sätzen einfach für Glaube und Kirche vereinnahmt werden wie etwa durch die Bestattungsformel: »Ich bin die Auferstehung und das Leben, wer an mich glaubt, wird leben, ob er gleich stürbe.« Wer glaubt an ihn? Wer lebt durch ihn? Wer wird auf diese Weise zu ihm hingeführt?
Im Ablauf des Bestattungsrituals werden Bibelworte aus persönlichen Glaubensaussagen der Verfasser in unzutreffende Feststellungen für die Zuhörer verwandelt. Ein solcher Umgang mit Bibelworten hat etwas Formelhaftes und nahezu Magisches an sich. Die Betroffenen spüren meist keinerlei Beziehung zwischen diesen zum Ritual erstarrten Sätzen und ihrem eigenen Leben. Bei vielen Trauerfeiern stehen biblische Texte und persönliche Ansprache unverbunden nebeneinander. In einen feststehenden oder leicht variierenden Rahmen werden wechselnde »Lebensläufe« eingepaßt. Kirchliche und biblische Lesungen bilden einen unpersönlich-unverständlichen Hintergrund für vordergründig aufgezählte Lebensdaten und Lebensleistungen. Unzugängliche Traditionsblöcke stehen neben traditionslosen und völlig individualisierten Zugängen zu menschlichen Schicksalen. Das Leben eines Menschen als »Text«, der ausgelegt werden kann, kommt kaum vor. Oft wird »Gottes Wort« Menschen nicht zugesprochen, sondern »verlesen« – auch wenn immer wieder Pfarrer gerade bei solchen Gelegenheiten Menschen auch persönlich anreden und trösten oder zumindest diese Aufgabe als wichtig ansehen.
Was sich im Ablauf jener biblisch-kirchlichen Elemente wie christlicher Trost oder fromme Ergebung anhört, entspricht in Wirklichkeit keineswegs einer in der Bibel bezeugten christlichen Grundeinstellung. »Freut euch mit den Fröhlichen und

weinet mit den Weinenden«, schreibt Paulus im Römerbrief (12, 15), so wie Jesus den Leidenden immer wieder sein Mitgefühl und sein helfendes Mitleid zugewandt hat. Wenn Glaube nicht mit Gedankenlosigkeit und Gefühllosigkeit verwechselt werden soll, wenn menschliches Leben ernstgenommen werden soll, dann dürfen nicht Freudenbekundungen vor die Trauersituation gestellt werden, dann darf und muß Trauer auch beim Namen genannt werden.
Bei einer Untersuchung einer größeren Zahl von Beerdigungen wurde festgestellt, daß von allen möglichen inhaltlichen Aussagen »Trauer« und »Ernstnehmen des Todes« am seltensten erwähnt wurden, wogegen eine gewisse Verdrängung oder Überdeckung der Todessituation sehr häufig anzutreffen war.[1] So wurde auch in einer Darstellung über den »Prozeß des Trauerns« zutreffend festgestellt, daß die Trauer in der Theologie gar nicht vorkommt. Pfarrer sind »zuständig« für die »Verkündigung am Grab«, die psychologische Situation der Trauernden ist nicht Thema der Theologie und der theologischen Ausbildung.[2] »Der Pfarrer steht im Konflikt, eigentlich nichts sagen zu können und doch etwas sagen zu müssen... die betreffende Predigt gerät dann leicht und verständlicherweise zum nichtssagenden Aneinanderreihen von Phrasen und zum Rekurs auf ›blindes Schicksal‹.«[3]
Darauf deutet auch jene Einleitung vor dem Psalm im Anfangsteil: »Wir beugen uns unter den Ratschluß des allmächtigen Gottes, der das Leben gibt und das Leben nimmt nach seiner Weisheit...« Diese Lesung stammt nicht aus der Bibel und ist auch ihrem Wesen nach nicht biblisch, sie erinnert tatsächlich eher an ein ehernes Fatum als an einen persönlichen Gott. In der Bibel antworten Menschen auf Leid und Sterben mit Klage und Weinen, ja, mit Schreien und Rufen, so wie ja auch Jesus mit einem Satz aus dem 22. Psalm dem Leiden entgegensieht: »Mein Gott, mein Gott, warum hast du mich verlassen?« In Israel, dem Volk des Alten Testaments, gab es gar keinen eigenen Ausdruck für »beten«. Beten war loben, danken, fragen, rufen, klagen, schreien, war Leben im Angesicht Gottes, im Dialog mit ihm, in ständiger Anrede an ein lebendiges Gegenüber. Klaglose Unterordnung unter »den Ratschluß Gottes« entspricht nicht dem Empfinden der Betroffenen und ist auch weder menschlich noch christlich in der Trauersituation. Ein Aussprechen der Klage und des ratlosen Fragens sind dafür in jedem Fall angemessener.

Viele Elemente kirchlicher Bestattungen der geschilderten Art stammen schon aus der langen Geschichte der Trauerfeier. Es scheint fast so, als hätten sich heidnische oder pseudochristliche Züge dabei stärker durchgesetzt als christliche – teilweise auch auf dem Umweg über volkstümliche Sitten und Gebräuche. Vielen archaischen Trauerritualen der Frühgeschichte liegt die Auffassung zugrunde, daß der Tod Übergang zu einem neuen Leben sei, der nur mit Hilfe eines bestimmten Rituals gelingen konnte. Die Angehörigen mußten es vollziehen, wenn sie sicher sein wollten, daß die Ahnengeister nicht störend ins Leben zurückkehren konnten.[4] Zwar gab es dann in urchristlicher Zeit eine schlichte Feier mit Psalmen, Gebeten und dem Ausdruck der Auferstehungshoffnung. Aber schon im frühen Katholizismus tauchten die alten heidnischen Vorstellungen wieder auf, im 5./6. Jahrhundert waren viele Christen davon überzeugt, daß ein unversehrtes Grab unerläßliche Voraussetzung für die Auferstehung sei.[5] Nach Auffassung des Kirchenvaters Tertullian gelangten nur Märtyrer nach dem Tod direkt in die Nähe Gottes, die Heiligen wurden am Jüngsten Tag erlöst, allen anderen blieb die Auferstehung versagt. Aber auch solche Menschen konnten erlöst werden, denn eine Grabstelle neben dem Grab eines Märtyrers oder Heiligen übertrug auf sie einen Teil von deren Tugenden, so daß ihre Sünden gesühnt wurden.[6]
So wurden Grabstätten vorzugsweise in der Nähe von Heiligengräbern angelegt, neben ihnen wurden schon bald Kirchen oder Kapellen gebaut. In vielen Grabinschriften konnte man Sätze wie diese lesen: »Der N. N. ist beigesetzt zu den Füßen des Heiligen Martin«; oder: »Ruhend in der Gemeinschaft der Märtyrer.« Später wurde daraus eine mehr allgemeine Formel: »ad sanctos«; »in loco sancto«; in geweihter Erde, in der Nähe der Kirche. Da Selbstmörder und Verbrecher dort nicht beigesetzt werden durften, mag bei dem Wunsch nach einer kirchlichen Bestattung unbewußt auch noch diese jahrtausendealte Bestattungspraxis nachwirken: Ein »anständiger Mensch« kommt eben »kirchlich unter die Erde«!
Die Vorstellung von der Abwehr der Ahnengeister lebt auch weiter in der bei Trauerfeiern üblichen Formel: »Erde zu Erde, Staub zum Staube, Asche zu Asche.« Dieser Satz ist der Form nach ein Zauberspruch, eine Beschwörungsformel, dem Inhalt nach ist er ein Abwehrritus – verbunden mit der Sitte, Erde auf den Sarg zu werfen: Der Tote soll bei den Toten bleiben – auch wenn den Trauergästen dies weithin nicht mehr bewußt sein

mag. Das Verständnis vom Totengeist, den man beschwichtigen muß, ist in umgewandelter Form auch eingegangen in die Vorstellung von der hilfsbedürftigen Seele, für die Fürbitte geleistet werden muß. Vom 12./13. bis zum 17./18. Jahrhundert setzten Menschen in ihrem Testament eine Anzahl von Totenmessen fest, die für ihre Seele gelesen werden mußten, oder Angehörige ordneten dies nach ihrem Tode an. 1000 Seelenmessen war dabei durchaus eine gebräuchliche Zahl;[7] auch dieses Element mag unbewußt weiterwirken in heutigen Trauerfeiern, die man für die Verstorbenen abhalten muß.

In der Reformationszeit trat im Hinblick auf Beisetzungsrituale und Totenmessen in der frühen reformierten Kirche bei Calvin aber auch bei den deutschen Reformierten ein völliger Bruch ein: Jede Art von Trauerfeierlichkeit wurde vermieden.[8] Die Lutheraner gingen weniger rigoros vor, viel örtliches Brauchtum ging in die neuen Kirchenordnungen ein, einheitlich war nur die Betonung biblischer Gesichtspunkte.[9] Aber befreit von kirchlicher Abhängigkeit und der Angst vor dem Fegefeuer, verzichteten viele auch ganz auf den Dienst des Pfarrers.[10]

Schon bald kam es zu einer starken Verbürgerlichung und Verweltlichung evangelischer Trauerfeiern. Zur Zeit des Barock wurden Beisetzungsfeierlichkeiten mit überdimensionalem Prunk abgehalten, es gab gelehrte Leichenreden, die manchmal 300 bis 400 Seiten erreichten. In der Mitte des 18. Jahrhunderts ging diese Form des Totenkults an ihrer eigenen Übertreibung zugrunde, weil sie mit hohen Gebühren verbunden war, so daß die Reichen alles, die Armen aber nichts erhielten. Die Autorität der Kirche wurde dabei schnell verspielt. Dies zeigte sich darin, daß am Ende des 18. Jahrhunderts nur noch stille Begräbnisse ohne kirchliches Geleit stattfanden. Die Angehörigen der höheren Stände wollten bei der Bestattung unter sich sein, aber diese Sitte setzte sich auch im Bürgertum und bei den unteren Schichten durch und dauerte in einigen Gebieten länger als hundert Jahre. In der Kirche wurde nur noch die vollzogene Beisetzung im Gottesdienst abgekündigt.[11]

Im Laufe des 19. Jahrhunderts wurde zuerst in Bayern und zuletzt in Berlin durch Synodenbeschlüsse die kirchliche Trauerfeier wieder eingeführt und verbindlich gemacht, es gab Bestattungsagenden und kirchliche Gottesdienstordnungen, die sich allmählich durchsetzten – teilweise gegen den Widerstand der Pfarrer, die sich durch diese neue Aufgabe überlastet fühlten! In Berlin waren um 1880 erst 20 % aller Beisetzungen kirchliche

Trauerfeiern![12] Die evangelische Kirche setzte dann aber in ihrem Bereich zielstrebig eine Art Bestattungsmonopol durch. Um die Wende vom 19. zum 20. Jahrhundert gab es eine schlichte Trauerfeier, die eigentliche Traueransprache war nur umrahmt von einem kurzen biblischen Votum, einem Gebet mit Vaterunser und der Bestattungsformel bei der »Aussegnung« oder Beisetzung.
Zur Zeit der Bekennenden Kirche mit ihrem nahezu magischen Verständnis des »Wortes Gottes« wurde dann eine von Otto Dietz ausgearbeitete neue Ordnung Vorbild für die beiden maßgeblichen Agenden der Lutherischen Kirche und der Evangelischen Kirche der Union (Zusammenschluß von Lutheranern und Reformierten). Damals wurde auch jene heute noch praktizierte Form der Beerdigung aufgezeichnet, wonach im Eingangsteil drei Lesungen nacheinander folgen, eingeleitet jeweils durch die bereits erwähnten kirchlichen Voten – zum Teil aus dem Eingangsteil des Gottesdienstes. Während bei Dietz noch 127 Lesungen angeboten wurden, enthielten die genannten Agenden dann »nur noch« 40 Vorschläge![13] Es braucht kaum betont zu werden, daß unter diesen Bedingungen kein den Teilnehmern vertrautes »Ritual« entstehen konnte. Mit nachlassender Bibelkenntnis und seltener werdender Teilnahme am Gottesdienst verstehen die Hörer solche Texte nicht mehr, die ihnen nicht nur nach Sprache und Inhalt fremd sind, sondern die oft auch durch den Tonfall der Verlesung zusätzlich »verfremdet« werden. Die Ansprache des Pfarrers steht entweder unverbunden neben diesen agendarischen Teilen oder sie paßt sich in Stil und Tonfall solchen sprachlichen Formulierungen an, klingt »salbungsvoll« und altertümlich.
Nach einschlägigen Untersuchungen wirken Trauerfeiern in ihrer Mehrzahl eher unpersönlich als persönlich, sie werden mehr in unverständlicher Kirchensprache abgehalten als in verständlicher Sprache, mehr in pathetischem als in normalem Tonfall.[14] Wo das »Wort Gottes« mit dem Wort der Bibel gleichgesetzt wird, wo alte Texte nur aneinandergereiht und wiederholt und nicht in einen Zusammenhang mit der persönlichen Situation der Angehörigen gebracht werden, da wirken solche Worte im Auftrag Gottes nicht mehr als Anrede, sondern häufig nur noch wie ein fremdes Ritual. Der altertümlichen Sprache entspricht auch der Sprachstil: »weihevoll«, feierlich bis hin zum speziellen Beerdigungspathos. Inhaltlich sind Trauerfeiern öfter phrasenhaft als präzise, häufiger leer als überzeugend und

häufiger unkritisch und überholt als wahrhaftig und gegenwartsbezogen. Die Aussagen am Sarg bleiben sehr oft allgemein, Glaubenserfahrungen werden nicht in einen Zusammenhang mit dem Leben des/der Verstorbenen gebracht. Eine in Berlin durchgeführte Untersuchung von etwa 40 bis 45 Trauerfeiern, die auf Tonband vorlagen, ergab ein ähnliches Bild. Bestattungen wirkten eher allgemein (60%) als situationsbezogen (40%), oft formelhaft und nicht persönlich (40:60%), ebenso oft in althergebrachter Kirchensprache wie in verständlicher Sprache (jeweils 50%), öfter »leer« als »überzeugend (55:45%). Durch das Überwiegen biblischer Lesungen und einer kirchlich geprägten Sprache wirken übrigens auf die Zuhörer alle kirchlichen Feiern ähnlich – unabhängig vom Anlaß Taufe, Trauung oder Bestattung. Innerhalb dieses einheitlichen kirchlichen Kammertons ist die Grabrede dann überwiegend bestimmt »vom Predigtstil der Sprachroutine«, sie hört sich »fromm« an und versucht häufig, mangelnde persönliche Anteilnahme durch einen betont gefühlvollen oder salbungsvollen Tonfall zu ersetzen.[15]
Für diese Situation gibt es sicher mehrere Gründe: Vor allem Großstadtpfarrer mit hohen Gemeindegliederzahlen haben von Fall zu Fall viele Bestattungen abzuhalten und fühlen sich zeitlich überlastet. In den meisten Fällen haben sie vor diesem volkskirchlichen Anlaß weder die Verstorbenen noch deren Angehörige gekannt. Die kirchenferne Einstellung der Menschen, von denen sie in Anspruch genommen werden, ist ihnen bekannt. Deshalb empfinden nicht wenige Pfarrer diesen »sakralen Kundendienst« fast als eine »berufsfremde Aufgabe«, als eine belastende volkskirchliche Pflichtübung, die sie nur mit Vorbehalten und ohne innere Anteilnahme vollziehen.
Bei einer Berliner Pfarrerbefragung äußerten sich verschiedene Pfarrer sehr offen zu dieser Problematik: »Leute, die nicht im christlichen Glauben stehen, erwarten allgemein zu viel vom Pfarrer, denn er kann ihnen wenig sagen, wenig versprechen. Ruft er die Leute zur Buße auf oder spricht er gar von der Nichterlangung der Gnade, dann wird er gesteinigt... Bei Beerdigungen kommt nie etwas heraus.« Die Bejahung der Volkskirche durch die meisten Pfarrer bedeutet an dieser Stelle gleichzeitig ein Stück Resignation: »Wir haben eine – auch juristische – Verpflichtung zu den Amtshandlungen. Solange wir Steuern nehmen, müssen wir auch.« »Da wir eine Volkskirche sind, haben alle Gemeindeglieder ein Anrecht auf Amtshand-

lungen – mögen die einzelnen Glieder sich zur Kirche halten oder nicht. Sie haben ein Recht darauf, die bezahlen ja ihre Steuern.« »Amtshandlungen belasten natürlich unnötig, und es ist Leerlauf, aber ich möchte nicht freiwillig verzichten.«[16]

Von dieser in großer Variationsbreite vorhandenen Einstellung vieler Pfarrer her erklärt sich dann auch die für manche »Laien« sonst eher unerklärliche Art der Vorbereitung und Durchführung kirchlicher Bestattungen. Zwar wird die Volkskirche von den meisten Pfarrern bejaht – »sonst würden wir uns schließlich den Ast absägen, auf dem wir sitzen«. Aber der eigentliche Schwerpunkt der pfarramtlichen Tätigkeit wird in ganz anderen Bereichen der Gemeindearbeit gesehen, in der sogenannten »Kerngemeinde«, deren Mitglieder »kirchlich engagiert« sind und die Ausübung ihres Glaubens in eine losere oder festere Beziehung zum Terminkalender der Gemeinde gebracht haben.

Ohne Zweifel hängt für viele Pfarrer das Ausmaß der für Amtshandlungen zur Verfügung stehenden Zeit von ihrer eigenen Einschätzung derartiger volkskirchlicher Ereignisse ab. Häufig genug wenden Pfarrer für die Vorbereitung von zwei bis drei Bestattungen – einschließlich der Trauergespräche mit den Angehörigen – nur die Hälfte der Zeit auf, die sie für die Vorbereitung einer Sonntagspredigt als notwendig ansehen. Eine solche Auffassung ist auch nicht durch die Tatsache zu beeinflussen, daß im sonntäglichen Gottesdienst jenes Pfarrers nur 30 Personen anzutreffen sind, während bei der geschilderten Trauerfeier immerhin nennenswerte Teile seiner Gemeinde versammelt waren. Aber gemäß einer bestimmten Theologie bedarf »die Verkündigung« derjenigen, »die das Wort des Herrn annehmen«, und die »Zurüstung« der auserwählten wenigen erscheint wichtiger als das »Ausrichten der Botschaft« für die »Randsiedler«.

Was aber vollzieht sich bei einem solchen Rückzug der Amtsträger auf die innerkirchliche Insel der Kerngemeinde? Wo 95% der Bevölkerung als »Randsiedler« angesehen werden, wo ein kleiner Bruchteil der Ortsgemeinde zum »Zentrum« deklariert wird, da werden nicht nur all die Menschen, die dem Stil des kirchlichen Lebens distanziert gegenüberstehen, als »gottlos« angesehen, sondern da gibt es schließlich auch einen »menschenlosen« Gott. Sicher ist es nicht statthaft, den Problemen eines »religionslosen Zeitalters« – das Bonhoeffer schon vor mehr als 40 Jahren heraufziehen sah – mit bestimmten Re-

zepten beikommen zu wollen. Aber die skizzierte Selbstisolierung von Pfarrer und Gemeinde bei der Begegnung mit fernerstehenden Noch Mitgliedern der Kirche gefährdet nicht nur den Bestand der Volkskirche; entscheidend ist vielmehr, daß die Kirche hier Menschen den Trost und die Glaubensvermittlung schuldig bleibt, auf die sie besonders in Situationen der persönlichen Erschütterung besonders angewiesen sind.
Die Wirksamkeit der christlichen Botschaft ist in der Tat nicht von menschlichen Bemühungen abhängig. Dieses Wissen kann aber auf keinen Fall zu der Konsequenz führen, daß menschliche Bemühungen gar nicht erst stattzufinden brauchen. Es ist uns überliefert, daß Jesus zehn Aussätzige geheilt hat, von denen später einer umkehrte und ihm dankte. »Heilung« kann es für Leidtragende schon sein, wenn ein Pfarrer ihnen in einer bestimmten Situation menschlich zur Seite steht, Mitgefühl erkennen läßt, vorhandene Gefühle zur Sprache bringt und gemeinsam mit den Betroffenen in der Trauer nach Ansätzen zur Hoffnung sucht. Ob dann von zehn Betroffenen einer »umkehrt« und seine Einstellung zu Kirche und Glaube positiv verändert, mag Gott überlassen bleiben, wenn die »Diener Gottes« in seinem Auftrag zu handeln versuchen.
Ein nennenswerter Teil der Pfarrer betrachtet kirchliche Amtshandlungen – speziell Beerdigungen – durchaus als »volksmissionarische Gelegenheiten« (R. Bohren). In der Berliner Pfarrerbefragung kommt dies in einigen Äußerungen zur Sprache: »Bei Amtshandlungen besteht die größte Möglichkeit zur Volksmission. Da habe ich sie alle vor mir sitzen und kann ihnen meine Meinung sagen.« »Bei den Amtshandlungen kriege ich die Leute ja gerade... Es muß alles durch den Pfarrer selbst gehalten werden.« Allerdings besteht jene »volksmissionarische« Erwartung der Pfarrer meist darin, daß Menschen sich sozusagen »bekehren« sollen, ohne daß die Tragfähigkeit einer oft rein biblizistisch-traditionell ausgerichteten »Botschaft« dabei in Zweifel gezogen wird. Wo Menschen die »frohe Botschaft« jener Evangelien nicht in einer für sie verständlichen und nachvollziehbaren Form nahegebracht wird, verfehlt »Volksmission« das »Kirchenvolk«.
Daß Pfarrer in einer anderen Welt leben als die Mitglieder der Volkskirche, zeigt ein anderes Ergebnis der erwähnten Pfarrerbefragung: Mehr als zwei Drittel aller Pfarrer lehnen eine Einladung in die Familie nach Amtshandlungen ab, weil es da-

bei keine Gelegenheit zu »Verkündigungsgesprächen« gäbe und »nichts herauskäme«. Was ist das für eine Verkündigung, die bei Menschen eine bestimmte Vorbedingung – zum Beispiel vollkirchliche Sozialisation – erwartet, während Jesus Menschen immer vorbehaltlos mit den ihnen eigenen Lebensvoraussetzungen annahm, auf sie einging, ihre Sprache sprach und an ihrem Leben teilnahm?

Wenn die Amtshandlung Beerdigung von den Pfarrern nicht als bloße Zeremonie aufgefaßt, sondern als Begegnung mit Trauernden erlebt wird, dann ist kirchliches Handeln an dieser Stelle wohl besonders notwendig und sinnvoll. Wo Menschen mit dem Ende des menschlichen Lebens konfrontiert werden und den Tod ohnmächtig erleiden, haben sie das Empfinden, daß Pfarrer und Kirche dafür »zuständig« sein könnten, Trost und Hilfe vermitteln müßten. Gerade in Trauersituationen gibt es so etwas wie »volkskirchliche Spiritualität« und damit eine besondere Aufgeschlossenheit für eine teilnehmende »geistliche Begleitung«. Voraussetzung dafür ist allerdings, daß zunächst ein Trauergespräch ohne Zeitdruck – möglichst in der Wohnung der Angehörigen – geführt wird, in dem die Betroffenen Unvoreingenommenheit und menschliche Anteilnahme spüren. Einem Pfarrer kann dann durchaus eine Art Stellvertreterfunktion zukommen, das Leben des/der Verstorbenen wird ihm/ihr nicht nur geschildert, sondern anvertraut. In einem solchen Gespräch können auch Probleme des Lebens und Zusammenlebens benannt und Schuldgefühle ausgesprochen werden, besondere Belastungen kommen zur Sprache. Der Pfarrer kann ein wahrheitsgemäßes Bild von einem Menschen und von einer Situation gewinnen und bei der Feier eine Glaubensaussage mit dem persönlichen Leben in Verbindung bringen, die Ansprache als Anrede gestalten.

Dabei sollte auch und gerade die Situation der Betroffenen offen zur Sprache gebracht werden. Nur in 13% einer größeren Zahl von untersuchten Trauerfeiern (63) in der genannten Inhaltsanalyse wurde so etwas wie eine Ermutigung zur Trauer oder auch nur ein Aussprechen der Trauer benannt. In der Theologie kommt die Trauer kaum vor. Aber nur dadurch würde das Todesproblem ernstgenommen, und die Lage der Hinterbliebenen würde nicht verschleiert, wenn solche »Trauerarbeit« auch im Trauergespräch und in der Trauerfeier zum Ausdruck käme. Indem Pfarrer sich hineinversetzen in die Lage der Hinterbliebenen, indem sie das emotionale Er-

leben der Einsamkeitssituation thematisieren, werden sie solidarisch mit den Betroffenen, reden nicht an ihnen vorbei.
Da es bei heutigen kirchlichen Trauerfeiern eine »bekenntnischristliche Gemeinde« nicht mehr gibt, sondern nur die volkskirchliche Teilnehmerschaft der »trauernden Hinterbliebenen«, wäre eine schlichte Feier mit einigen wenigen zentralen christlichen Aussagen der Situation der meisten Zuhörer erheblich angemessener als ein ausführliches »innerkirchliches« Ritual. Eine Psalmlesung, ein Bibelspruch vor der Ansprache, Gebet und Vaterunser, die Aussegnung am Grab – so sah die Feier um die Jahrhundertwende aus, und so würde sie wohl auch heute für Menschen verständlicher sein als die geschilderte Trauerfeier in Anlehnung an die erwähnten Agenden. Eine christliche Trauerfeier mit einem kurzen liturgischen Rahmen behält einen Angebotscharakter, der noch dadurch verstärkt werden kann, daß die verlesenen Texte als historische Zeugnisse benannt werden: »Wir hören einen Psalm, ein Gebet des Alten Testaments, das Menschen in einer Situation des Leidens und der Trauer gebetet haben...« »Christen bekennen in dieser Situation des Todes und der Trauer die Hoffnung auf die Auferstehung, die Paulus im Neuen Testament so beschreibt...« Der Zuhörer kann sich eine solche Auffassung dann zu eigen machen oder nicht, er wird nicht vereinnahmt, sondern behält eine Entscheidungsmöglichkeit. Der christliche Glaube richtet sich als Botschaft an Menschen, die in einer pluralistischen Gesellschaft leben und auch dieses – christliche – Angebot prüfen und im Hinblick auf dessen Glaubwürdigkeit beurteilen können.
In Trauergespräch und Trauerfeier geht es zunächst um Erinnerung an eine Person, äußere Nähe wird durch die Trauer in innere Gegenwart verwandelt. Trauergespräch und Trauerfeier können dabei Hilfe leisten, wenn nicht bloß eine äußere »Vita« geschildert wird, sondern auch weitergehende Fragen gestellt werden:
- Was für Überzeugungen waren diesem Menschen wichtig?
- wofür hat er/sie sich eingesetzt und gehandelt?
- welche menschliche(n) Gemeinschaft(en) waren wichtig für ihn?
- worunter hat er gelitten? (Auch Einstellung zu eigenem Leiden)
- welche Glaubensüberzeugungen haben für ihn eine Bedeutung gehabt?

Ein Bibeltext als »Text« für die Traueransprache kann Hilfe für solche Aussagen sein. Aber auch das Leben eines Menschen kann Glaubensaussage sein, Glaubenszeugnis, und kann genauso »ausgelegt« werden wie ein biblisches Glaubenszeugnis. Angesichts des Todes wird gesprochen über ein bestimmtes menschliches Leben, aber auch über Sinn und Ziel menschlichen Lebens – auch und gerade angesichts von Vergänglichkeit und Sterblichkeit. Dabei können mögliche Antworten des christlichen Glaubens auf menschliche Sinnfragen zur Sprache kommen: Schuld und Vergebung, menschliches Bemühen und göttliche Barmherzigkeit, Tod und Trauer und Hoffnung auf die Auferstehung. Wichtig ist dabei, daß eine Aussage über den Glauben der Kirche *und* des Pfarrers zur Sprache kommt. Gerade in einer Situation der persönlichen Betroffenheit von Menschen sollte der Pfarrer »das Glaubensbekenntnis der Kirche« in seinen eigenen Worten und als sein eigenes Bekenntnis mitteilen oder auch den Glauben des Verstorbenen in seiner Tragfähigkeit und mit seinen Anfragen zur Sprache bringen. Denn der christliche Glaube begegnet nur als personengebundener, persönlicher Glaube, als Glaubenszeugnis. Allgemeine Glaubensformeln werden die Zuhörer in dieser Situation kaum verstehen und in das eigene Leben übertragen können.
Werden solche Aufgaben bei kirchlichen Trauerfeiern gesehen und erfüllt? Und was geschieht, wenn immer wieder persönliche Situationen unpersönlich behandelt werden? Ein wahres Beispiel möge zum Schluß eine Veränderung dieser wohl häufigsten Amtshandlung in ihrer Dringlichkeit nahelegen:
In der Stadt L., 8000 Einwohner, amtieren ein evangelischer und ein katholischer Pfarrer. Der evangelische Pfarrer ist für knapp 5000 Gemeindemitglieder zuständig, der katholische Pfarrer für ca. 3000 »Seelen«. Kurz nach der Pensionierung verstarb in jenem Ort der ehemalige Prokurist der größten ortsansässigen Firma, einer metallverarbeitenden Fabrik. Pfarrer E. suchte die Familie zum Trauergespräch auf, nach 12 Minuten verabschiedete er sich von den Angehörigen mit der Begründung, daß er noch andere wichtige Termine wahrzunehmen habe.
An der Trauerfeier nahmen mehr als 500 Trauergäste teil. Pfarrer E. las im Rahmen eines ausführlichen gottesdienstlichen Rituals einen Eingangsspruch, einen Psalm und einen längeren Text aus einem Brief des Paulus und hielt eine Ansprache über »den Wochenspruch dieser Woche«: »Das Gesetz ist durch

Mose gegeben, die Gnade und Wahrheit aber sind durch Jesus Christus gekommen.« Seine Rede war eine theologische Auslegung im Stil der Sonntagspredigt, einige Gemeindemitglieder erkannten sogar Teile der Sonntagspredigt darin wieder. In der zweiten Hälfte kamen auch Daten aus dem Leben des Verstorbenen vor; dessen familiäre Bindungen, Überzeugungen und enge menschliche Verbundenheit mit den Betriebsangehörigen wurden jedoch nicht erwähnt. Statt dessen wurde zuletzt »der Herr« gebeten, sich seiner anzunehmen, da er nun vor dessen »Richterstuhl« treten müsse.
Nach drei Strophen des folgenden Chorals trat der Firmenchef vor die Trauergäste – was ursprünglich nicht vorgesehen war – und würdigte in einer kurzen Rede die Persönlichkeit des langjährigen leitenden Mitarbeiters, brachte Dank und Trauer zum Ausdruck und wandte sich besonders der Familie des Verstorbenen mit herzlichen Worten zu. »Er hat die Feier gerettet« – dies war die vorherrschende Meinung unter den Trauergästen auf dem Weg zum Friedhof, wo der Pfarrer die Zeremonie am Grab vollzog. Er wurde von der Familie noch zum Kaffee eingeladen und folgte der Einladung auch. Der von außerhalb angereiste Schwiegersohn teilte ihm im Beisein seiner Frau die Enttäuschung der Familie über jene unpersönlich-allgemeine Feier mit. Der Pfarrer berief sich auf die theologisch korrekte Auslegung und verwies darauf, daß er aus Zeitmangel über das Leben des Verstorbenen nicht mehr hätte sagen können: »Sie wissen ja selbst, daß ich nur zwölf Minuten Zeit für unser Gespräch hatte.« Als sich herausstellte, daß Tochter und Schwiegersohn mit ihrer großstädtischen Gemeinde durch intensive ehrenamtliche Tätigkeit verbunden waren und gerade dieses unter Zeitdruck geführte Gespräch kritisierten, verabschiedete sich der Pfarrer bald.

Anmerkungen

1 Die Predigt bei Taufe, Trauung und Begräbnis – Inhalt, Wirkung und Funktion – Eine Contentanalyse, München 1973, S. 42
2 Darauf hat Yorick Spiegel in seinem Buch »Der Prozeß des Trauerns« München 1974 mehrfach hingewiesen
3 Die Predigt bei Taufe, Trauung und Begräbnis, S. 50
4 Vgl. W. Fuchs, Todesbilder in der modernen Gesellschaft, Frankfurt 1979², S. 26ff.

5 Philippe Ariès, Geschichte des Todes, München 1982, Paris 1978, S. 222f.
6 Tertullian, De resurrecitione carnis, 43Pl. 856, zit. bei Ariès
7 Ariès, a. a. O. S. 46
8 Calvin, Institutio III, 22.5 zitiert bei Maser, Die Bestattung, Gütersloh 1964
9 H. Maser, a. a. O. S. 6ff.
10 Vgl. Graff, Geschichte der Auflösung der alten gottesdienstlichen Formen in der evangelischen Kirche Deutschlands, I, 1937^{3}, S. 353
11 Graff, a. a. O. S. 371
12 Y. Spiegel, Der Prozeß des Trauerns
13 Maser, a. a. O. S. 6ff.
14 Die Predigt bei Taufe, Trauung und Begräbnis, a. a. O., S. 152
15 Äußerungen aus einer unveröffentlichten Umfrage unter einem Drittel der Berliner Pfarrer, teilweise ausgewertet in dem Buch von Y. Spiegel, Der Pfarrer im Amt, München 1970, die Umfrage stand mir vollständig zur Verfügung im Archiv des religionssoziologischen Instituts der Kirchlichen Hochschule in Berlin.

Nachwort
Für eine menschenfreundliche Theologie

Bei den kirchlichen Amtshandlungen und durch kirchliche Sendungen in den Medien kommen die innerlich distanzierten Mitglieder der Volkskirche noch ab und zu mit der Kirche in Berührung – meist nicht ganz freiwillig, denn der Grund für solche Kirchenkontakte liegt eher im familiären Anlaß oder im ohnehin eingeschalteten Radio oder Fernsehgerät, kirchlicher Zuspruch läuft bei solchen Gelegenheiten eher nebenher ab. Trotzdem ist jede solche Begegnung von Menschen mit der Kirche immer noch und immer wieder von bestimmten Erwartungen geprägt: Kirche müßte doch Sinn oder Trost vermitteln, müßte helfen und raten können, müßte einen Glauben zur Sprache bringen, der einleuchtet und Maßstäbe setzt für das menschliche Handeln.

Warum werden solche Erwartungen so selten erfüllt? Warum sehen Vertreter der Kirche gerade jene ganz persönlichen Lebenserfahrungen von Menschen oft als zweitrangig an? Warum erscheint Kirche in den öffentlich zugänglichen Medien und in ihren kircheneigenen Publikationen oft so weltfremd und bietet nur Insider-Wissen an? Umgekehrt fragen aber auch Pfarrer und kirchliche Mitarbeiter irritiert und öfter auch frustriert: Warum wollen nur noch so wenig Menschen die Botschaft von Jesus Christus hören? Warum ist der Glaube, der fast 2000 Jahre lang das christliche Abendland geprägt hat, inzwischen in eine Randstellung oder sogar in eine Außenseiterposition gedrängt worden? Warum scheinen Menschen kein Interesse mehr zu haben an religiösen Themen, kein Bedürfnis nach religiöser Gemeinschaft? Warum wird Kirche nur noch verlangt als »Rahmen« für Familienfeiern, als »Absegnung« von Lebensbezügen, als religiöses Alibi innerhalb der weltlichen Programmflut?

Kirche und Welt scheinen aneinander vorbeizuleben, es herrscht wechselseitige Ratlosigkeit und Enttäuschung zwischen den Repräsentanten der Volkskirche und ihren entfremdeten Mitgliedern. Bei der Amtskirche beider Konfessionen bewegt sich nur sehr langsam etwas im Hinblick auf ein geschärftes Problembewußtsein und Reformbestrebungen. Um so schneller bewegen sich speziell die jüngere und mittlere Generation von der Kirche weg.

Es wäre vermessen, in dieser Situation Rezepte anbieten zu wollen, jeder als Theologe oder »Laie« für die Bewahrung der Volkskirche engagierte Christ kann zunächst nur die Schwierigkeit dieser Lage eingestehen und sich bekennen zum »Leiden an der Kirche«, aber auch zum Leiden unter einer weitverbreiteten materiellen Anspruchshaltung und geistigen Gleichgültigkeit innerhalb der heutigen Gesellschaft. Die Analyse kirchlicher Amtshandlungen und kirchlichen Medienverhaltens zeigt dennoch einige Ursachen der geschilderten Misere und legt auch Folgerungen nahe, eine Kursänderung in einzelnen Schritten. Nachdem Jahrhunderte und Jahrtausende hindurch eine »Theologie von oben« verordnet wurde, kann verlorene und verspielte kirchliche Autorität wohl nur wiedergewonnen werden durch eine menschennahe »Theologie von unten«, die ihre Botschaft daraufhin überprüft, wo und wie sie etwas für das Leben der Menschen bedeuten kann.

Solches Umdenken fällt schwer, weil innerhalb der Kirche seit jeher nahezu alle Traditionen und Gewohnheiten umgekehrt ausgerichtet waren. Das frühe Bündnis von Thron und Altar führte dazu, daß die Kirche als »verlängerter Arm des Staates« ein ungebrochenes Obrigkeits- und Untertanendenken vermittelte und sozusagen zum Teil ihrer Lehre erhob. Nicht die »Gemeinschaft der Gläubigen« wurde da erfahrbar, sondern die grundlegende Unterscheidung zwischen Kirchenoberen und Kirchenvolk, ein Verhältnis von Über- und Unterordnung, von Anweisung und Gehorsam. Innerhalb der Gesellschaft stand die Kirche meist auf der Seite der Reichen und Einflußreichen und sanktionierte die Unterschiede zwischen den »hochgeborenen« und den unteren Ständen. Nicht für die Gleichheit der Menschen vor Gott trat die Kirche ein, sondern für die Zementierung jener »gottgewollten« Gesellschaftsordnung. Nicht zu Unrecht konnte deshalb Marx später Religion als »Opium für das Volk« bezeichnen!

Das Monopol der Kirche im Hinblick auf Schulen und Universitäten führte dazu, daß naturwissenschaftliche Erkenntnisse unterdrückt und bekämpft wurden, ebenso liberalere Tendenzen in Kunst und Geisteswissenschaften. Innerhalb der Theologie

wurden »Ketzer« erbarmungslos verfolgt und oft ums Leben gebracht. Die allgemein gültigen strengen Moralvorstellungen der Kirche wurden gegenüber den unteren Gesellschaftsschichten restriktiv vertreten, während sie gegenüber der Oberschicht nicht in gleicher Weise geltend gemacht wurden. Diese Moral galt auch überwiegend nur für Frauen und nicht für Männer – eine folgenschwere, für viele außerordentlich belastende pharisäische Moral, die aber tatsächlich eine doppelte und deshalb unglaubwürdige Moral war.
Jene monarchisch, hierarchisch und monologisch ausgerichtete Kirche ist durch die eigenständige Entwicklung der Demokratie, des gesellschaftlichen Pluralismus (mit öffentlichem Dialog), der Wissenschaft und der moralischen Autonomie des Menschen zutiefst getroffen worden in ihrem Selbstverständnis und befindet sich seither in einem ständigen Rückzugsgefecht. Kirche ist nicht mehr die zentrale Institution mit Monopolcharakter, die alle Lebensbereiche bestimmt und beeinflußt, sondern sie ist zu einem eigenen abgegrenzten Teilbereich innerhalb der Gesamtgesellschaft geworden. Da sie niemals die Kirche *des* Volkes war, sondern immer eher bevormundende Kirche *für* das Volk, haben sich im Zuge der geschilderten Entwicklung zur Autonomie aller gesellschaftlichen und persönlichen Lebensbereiche Menschen nur allzu leicht von den meisten kirchlichen Bindungen gelöst. »Man« muß nicht mehr zur Kirche gehen, um gesellschaftlichen Konventionen zu entsprechen, es gibt keine allgemein verbindlichen religiösen und moralischen Maßstäbe mehr.
In dieser Situation kann Erfahrung von Transzendenz nicht mehr außerhalb oder oberhalb des Menschen gesucht werden, auch nicht in einem übergeordneten Wertsystem, in einer verbindlichen Moral, in der Bindung an ein altes Weltbild, es gibt in diesem Sinne keinen »Gott im Himmel« mehr. Die Beziehung eines Menschen zu einer religiösen Gruppe bzw. Kommunität wird heute in erster Linie von seiner (subjektiven) Religiosität bestimmt. Diese ist nach vielen Untersuchungen das Primärmotiv für die Kirchenzugehörigkeit. Es gibt dafür zwar auch eine Reihe von Sekundärmotiven, z. B. den Einsatz der Kirchen für Gerechtigkeit und Frieden, ihre Sorge für Alte und Kranke, Kinder und Jugendliche. Aber ohne eine religiöse Primärmotivation sind die Sekundärmotive schwach und labil. Erstaunlich viele Menschen bezeichnen sich als »religiös« im Sinne der sogenannten »Leutereligion«, das heißt, sie suchen in

einer in Teilbereiche zerfallenden anonymisierten gefährdeten Welt Zugang zur bergenden und heilenden Welt Gottes, vor allem in Lebenssituationen, in denen Hoffnungen und Ängste verdichtet vorkommen: in den Übergängen des Lebens, in Konfliktsituationen, beim Heranwachsen von Kindern und Jugendlichen, in Situationen des Leidens und Trauerns.[1]
Wo eine normativ-»objektive« Religiosität nicht mehr vorhanden ist oder sogar in den Augen vieler nach einer langen, wenig ruhmreichen Geschichte »abgewirtschaftet« hat, müßte jene subjektive Religiosität um so ernster genommen werden. Damit würde gleichzeitig ein Weg zum Ursprung des christlichen Glaubens zurückgefunden. Denn die Verkündigung und das Auftreten Jesu waren völlig bestimmt vom Eingehen auf eben diese subjektiven religiösen Erwartungen. Er bezog sich auf Lebenssituationen von Menschen, er heilte Kranke und seelisch Leidende, er stiftete Gemeinschaft für die Außenseiter, er feierte Hochzeit mit Brautleuten und sorgte für Wein bei der Feier. Er sprach aber auch über das Reich Gottes fast immer in Bildern und Gleichnissen aus dem Alltag der Menschen.
Früher »mußten« die Menschen zur Kirche kommen, heute »muß« die Kirche zu den Menschen gehen, sie dort aufsuchen und zu verstehen versuchen, wo sie leben und arbeiten, Rat und Hilfe suchen, religiöse Sinndeutungen suchen für die Wendepunkte ihres Lebens, für Krisen aber auch für Höhepunkte. Auf die religiösen Bedürfnisse und Erwartungen der Menschen kann sie nicht mehr vorrangig antworten mit ihren herkömmlicherweise im Vordergrund stehenden Angeboten, vor allem der zentralen Stellung von Gottesdienst bzw. Messe und Predigt, die nur noch die religiös sozialisierten Mitglieder der Volkskirche erreichen.
Im Hinblick auf die religiösen Hoffnungen der Menschen sind vielmehr andere Bereiche von besonderer Bedeutung, die auch nach allen Umfragen für die Menschen an erster Stelle stehen:
1. die Amtshandlungen der Kirche bei persönlichen Anlässen;
2. die persönliche Seelsorge und Beratung;
3. die diakonische Tätigkeit der Kirche.[2]

Bei alledem müßte sich die Kirche auch stärker darum bemühen, ihre Öffentlichkeitsarbeit im Medienbereich zu verbessern.
Die den Pfarrern ohnehin aufgetragenen und von ihnen häufig

als »Pflichtübung« empfundenen Amtshandlungen sind aber gleichzeitig so etwas wie der Schlüssel zu den beiden anderen Bereichen, die für die subjektive Religiosität eine große Rolle spielen. Bei Trauergesprächen, Konfirmationsbesuchen, Taufbesprechungen oder Traugesprächen kommt immer auch die persönliche Situation von Menschen zum Ausdruck mit allen Hoffnungen und Belastungen. Wenn bei einem derartigen ersten familiären Kontakt Menschen sich verstanden fühlen, gibt es später häufig auch andere Anfragen und Begegnungen zwischen der Gemeinde und ihren Mitgliedern, wobei zum Beispiel auch eine persönliche Beratung oder diakonische Angebote der Gemeinde in Anspruch genommen werden.

Jene Schlüsselfunktion haben die kirchlichen Amtshandlungen, weil sie mit grundlegenden menschlichen Bedürfnissen und Erfahrungen zusammenhängen. In bestimmten Situationen spüren Menschen in hervorgehobener Weise, daß ihr Leben nicht verfügbar ist, nicht aus eigener Kraft gelingt, auf Schutz und Bewahrung angewiesen ist. Dies macht u. a. das Wesen der subjektiven Religiosität aus, und innerhalb dieser volkskirchlichen Religiosität erfreuen sich naturgemäß die religiösen Rituale einer besonderen Wertschätzung: »Sie sind die sinnliche Inszenierung der Berührung des stattfindenden Lebens mit all seinen Hoffnungen und Daseinsängsten mit der bergenden und heilenden Welt Gottes. Dies geschieht zumal in Lebenssituationen, in denen die Hoffnungen und Ängste verdichtet vorkommen, also ins Bewußtsein treten, was ... vor allem an den Übergängen des Lebens der Fall ist ... Geht man aber davon aus, daß die Menschen in den Ritualen ›Fahrzeuge‹ für die Erfahrung sehen, das Leben mit der bergenden Welt der Religion in Berührung zu bringen, dann wird auch zugänglich, welche Momente bei der Inszenierung dieser Riten eine Rolle spielen. Auf der einen Seite haben diese Riten ›expressiven‹ Charakter. Sie stellen das Leben in zeitgerafftem Ablauf und seinen Tiefen ebenso wie die heilend-bergende Welt Gottes dar. Sie bringen diese beiden Bereiche miteinander in Berührung ... Für die symbolische Präsentation stehen viele szenische Elemente zur Verfügung: eigene Räume und Zeiten, eine außeralltägliche Sprache, Festlichkeit und Musik, Licht und Farben, der Geruch des Heiligen und nicht zuletzt auch Ritendiener mit eigener Kleidung und eigenem Lebensstand ...«[3]

Dies ist aber nur die eine öffentlich sichtbare und wirksame Seite der kirchlichen Amtshandlungen. Mindestens genauso wichtig ist das zu jeder Amtshandlung gehörige persönliche Gespräch mit den betroffenen Menschen in der Familie. Bei diesen Gelegenheiten spüren Menschen sehr genau, ob ein Repräsentant der Kirche sich für ihre Situation interessiert, Anteil nimmt, geheime Hoffnungen und Wünsche erfaßt, mitfühlt, Begleiter und Partner der Familie ist oder nicht. Und wichtig ist schließlich auch, daß Pfarrer Einladungen zu einer auf die Amtshandlung folgenden Familienfeier annehmen und bei dieser Gelegenheit persönliche Kontakte zu den der Gemeinde fernerstehenden Mitgliedern herstellen oder vertiefen.

»In den kirchlichen Amtshandlungen zeigt sich jedoch, wie auch anderswo, das ›Seelsorge-Defizit‹, der ›innere Wirklichkeitsverlust‹ der Kirche, der es nur schwer gelingt, ihre Botschaft mit der Lebenswirklichkeit der Menschen zusammenzubringen. So nimmt das Bewußtsein des Abstandes bei den Distanzierten zu. Für die ›Strategie‹ volkskirchlichen Handelns schlägt darum Matthes vor, die auf Amtshandlungen bezogene Seelsorge auszubauen, ja ihr sogar einen Vorrang vor der Sonntagsgottesdienst-zentrierten Pastoral zu geben ... zweifellos haben Menschen, die trotz ungenügenden kirchlichen Teilnehmerverhaltens religiöse Erwartungen der Kirche gegenüber hegen, ein Recht auf aus dem Glauben kommende Deutungshilfen für ihr Leben. Um dem zu entsprechen, ist nach Matthes dann aber auch eine inhaltliche Neuorientierung der auf die Kasualien bezogenen Seelsorge notwendig. Es bedürfe einer *integralen* Amtshandlungspraxis, welche die Inhalte der christlichen Religion mit dem persönlichen und gesellschaftlichen Leben und seinen elementaren Sinngebungsakten integriert.«[4]

Wo dies alles nicht oder nur in sehr unvollkommener und reduzierter Form praktiziert wird, geht die Glaubwürdigkeit der Kirche verloren. Wenn Menschen in einer Trauersituation zu einem routinierten, auf reine Fakten beschränkten und spürbar unter Zeitdruck stehenden Gespräch bestellt werden und bei der Trauerfeier ein unpersönliches Ritual erleben, verliert jede Verkündigung ihren Aussagewert, den Betroffenen »reicht es dann wieder einmal«. Ihre ohnehin vorhandenen Vorurteile gegenüber der Kirche sind bestätigt worden. Wenn bei der Taufe ausführlich vom Leiden und vom Kreuzestod Jesu gesprochen wird, wenn Konfirmanden im Konfirmationsgottesdienst einem ausufernden Ritual ausgesetzt werden, in dem sie – einschließlich Predigt – kaum vorkommen, dann wird jeweils die behauptete Heilswirkung des Evangeliums widerlegt und Lügen gestraft.

Es handelt sich allerdings bei dieser – wie im Verlauf des Buches deutlich wurde – immer noch dominierenden Amtshandlungspraxis nicht in erster Linie um ein »persönliches Versagen« der Pfarrer. Daß Theologen sich häufig auf die persönliche Situation von Menschen nicht einlassen und sie nicht ernst nehmen, liegt vielmehr vor allem an einer bestimmten Ausrichtung der Theologie und der theologischen Ausbildung. Wo nur das »Hören des Wortes Gottes« als Weg zum Heil angesehen wird, und wo dann jenes »Wort Gottes« – in einem Mißverständnis Luthers – mit dem Wort der Bibel gleichgesetzt wird, wo Gott als »das ganz andere« verstanden und verkündigt werden soll (nach Karl Barth und der Auffassung der Bekennenden Kirche), da ist die persönliche Situation der Menschen unwichtig oder sogar Ausdruck einer negativ beurteilten »natürlichen Theologie«. Da sind kirchenferne Mitglieder der Volkskirche für viele Theologen eben »glaubensfern« und bleiben es nach ihrer Vorstellung auch, wenn sie nicht den Weg zur Kirche finden. Umgekehrt aber hat für jene Volkskirchen-Christen diese Art der Verkündigung nichts mit ihrem eigenen Leben zu tun.
Wo das Bibelwort als einziger Zugang zum Glauben und zum Heil angesehen wird, wo das Bekenntnis gläubiger Menschen aus Vergangenheit und Gegenwart nicht als Glaubenszeugnis gilt, da überrascht es nicht, daß in Theologiestudium und Theologenausbildung die Auslegung historischer Texte – samt dazugehörigen gründlichen Spezialkenntnissen in zwei bis drei alten Sprachen (Hebräisch, Griechisch, Latein) – einen so breiten Raum einnimmt, daß darin die Probleme heutiger Menschen im Kontext anderer Wissenschaften (z. B. Psychologie, Pädagogik, Sozialwissenschaften u. a.) kaum noch zur Sprache kommen. Kein Wunder, daß dann zum Beispiel die Trauer in der Theologie nicht vorkommt, daß Depressionen als bloßer »Unglaube« definiert werden, Eheprobleme als »Ungehorsam gegenüber Gott«, Ehebruch als »Todsünde« und fröhliche Familienfeiern als »mangelnde Verkündigungsmöglichkeiten«!
Noch einmal sei auf das Vorbild Jesu verwiesen, der Menschen immer vorbehaltlos in ihrer jeweiligen Situation angenommen hat, der zu dem korrupten Zöllner Zachäus ins Haus ging und mit ihm aß, der eine Ehebrecherin freisprach von ihren pharisäischen Verfolgern, der als »Fresser und Weinsäufer« bezeichnet wurde, weil er unbefangen feiern konnte. Diese Menschwerdung Gottes, dieses Bekenntnis zu einem von Gott

geschenkten und bejahten Leben mit der ständigen Möglichkeit zu Umkehr und Erneuerung darf nicht rückgängig gemacht werden durch eine »Verkündigung«, die aufgrund der gesamten geschichtlichen Entwicklung in vieler Hinsicht überholt und lebensfern ist.

Vor rund 2000 Jahren wurde eine »gute« und »neue« Nachricht verkündigt, Menschen wandten sich dieser Lehre zu, ließen oft ihr gesamtes persönliches Leben hinter sich, um sich der Gemeinde anzuschließen. Inzwischen ist der christliche Glaube bekannt, allzu bekannt, wie nicht wenige Kritiker meinen. Jene Botschaft hat keinen Neuigkeitswert mehr, nichts, was nicht schon als »abgetan« oder vorbelastet gelten müßte, es sei denn, Menschen könnten mit Hilfe eines Glaubensangebotes etwas Neues in ihrem eigenen Leben entdecken. Die Botschaft muß sozusagen neu ausgelegt werden daraufhin, wo ihr etwas im Adressaten entspricht. Sie ist ja nicht Selbstzweck, sondern sie hat zum Inhalt, daß menschliches Leben *vor* jeder eigenen Leistung des Menschen bejaht und angenommen ist, verwandelt und erneuert werden kann.

Das weithin diskreditierte Gottesbild – wieviel Menschenunwürdiges wurde im Lauf von fast 2000 Jahren schon »im Namen Gottes« praktiziert! – kann nur in veränderter Form wieder Eingang finden ins persönliche und gesellschaftliche Leben der Mitglieder der Volkskirche. Der Wert des christlichen Menschenbildes muß neu erkannt und als »Lebenshilfe« entdeckt werden. Gerade in bezug auf solche Sinnfragen gibt es nämlich in der in Teilbereiche zerfallenden modernen Gesellschaft eine ausgesprochene »Marktlücke«. Jenes christliche Menschenbild beinhaltet viele weithin verdrängte und oftmals auch angstbesetzte existentielle Erfahrungen des Menschen. Man könnte sie in dreifacher Hinsicht beschreiben:

1. Menschen sind ergänzungsbedürftig im Hinblick auf ihre Existenz

Von der frühkindlichen Erlebniswelt an sind Menschen angewiesen auf ein Gegenüber, auf Zuwendung und Fürsorge. Diese »dialogische Existenz« bestimmt unser ganzes Leben, jeder Mensch ist als Mann oder Frau angewiesen auf ergänzende Partner, ebenso auch als Kollege und Mitarbeiter, Freund, Bekannter und Nachbar. Das Eingestehen dieses existentiellen Mangels begegnet als Glück: »Was wäre ich wohl ohne dich!?«

Bei Taufe und Trauung bildet diese Grundvoraussetzung des menschlichen Daseins zum Beispiel den Anlaß der Amtshandlung (Kinder sind Eltern und Paten anvertraut; Ehepartner werden einander anvertraut/angetraut). Bleibt diese zwischenmenschliche Beziehung aber in sich selbst befangen, leben Menschen nur füreinander ohne übergreifende und sich verbindende Sinnvorstellungen, so sind sie gefährdet durch überhöhte Glückserwartungen und eine wechselseitige Überforderung des/der anderen.

2. Menschen sind fehlbar und korrekturbedürftig im Hinblick auf ihr Verhalten

Daß Menschen vor Gott »Sünder« sind, ist eine positive Erkenntnis und beinhaltet die Möglichkeit zur »Umkehr«, weil Menschen damit vor Gott und anderen Menschen ihre Defizite und ihr Versagen eingestehen, um Vergebung bitten und auch anderen Vergebung gewähren können. Wer sein Leben auf diese Weise zur Diskussion stellen kann, braucht nicht mehr um Selbstbehauptung zu ringen und recht behalten zu wollen, sondern kann dem anderen wahrhaftig begegnen, ständig neue Anfänge suchen. Das Wasser bei der Taufe ist Symbol für die Reinigung, Vergebung und Erneuerung; Ehepaare müssen beim Weg in das gemeinsame Leben den Partner mit seinen Schwächen vorbehaltlos annehmen, beim Rückblick auf menschliches Leben nach dem Tod bleibt das Bruchstückhafte der menschlichen Existenz im Bewußtsein und wird der Barmherzigkeit Gottes anvertraut.

3. Menschen sind erlösungsbedürftig im Hinblick auf Leiden und Sterben

Die Erfahrung der Vergänglichkeit und Sterblichkeit bedroht unser Leben; auf diese Widersprüchlichkeit unserer Existenz können wir nicht selbst Antwort geben. Wir sehnen uns nach Dauer und erleben die Zerbrechlichkeit menschlicher Existenz und menschlicher Beziehungen. Wir sehnen uns nach Frieden und erleben eine unsichere Welt. Wir sehnen uns nach Glück und uneingeschränkt gültigem Leben und begegnen überall dem Leiden und Sterben. Aus all diesen Erfahrungen können wir uns nicht selbst heraus-lösen, aus-lösen, er-lösen. Wir sind angewiesen auf die Erlösung Gottes. »Erlösung« hieß ursprünglich »Freikauf«, und der christliche Glaube ist ein Erlösungsglaube in dem Sinn, daß die Liebe Gottes Menschen als ergänzungsbedürftige, korrekturbedürftige, erlösungsbedürftige Menschen »freigekauft« hat von Einsamkeit, Sünde und Tod. Wer sich für diesen Glauben öffnet, tut einen Schritt von der Gleichgültigkeit in die Liebe, von der Angst zur Hoffnung, vom Tod zum Leben.

»Die wohl entscheidende Aufgabe, welche sich der Kirche in der nächsten Zeit stellt, ist ›Bewußtseinsarbeit‹. Dabei geht es darum, kulturell ererbtes ›falsches Bewußtsein‹ zu durchbrechen. Die Arbeit der Kirche wird so zur Bewußtseinserweiterung führen oder, anders ausgedrückt, zur Ausweitung jener Lebenswelt, in der heutige Bürger wohnen. Die Transzendenzspannweite der bewohnten Wirklichkeit gilt es auszudehnen. Solche Arbeit wird sich um die vielen ausgeblendeten Themen drehen: um Freiheit und Schuld, Altern, Kranksein, Sterben und Tod, die Vergangenheit und die Gerechtigkeit; Religion und Gott zählen schließlich auch zu den gesellschaftlich eher ausgeblendeten Themen. Die Kirche wird künftig all diese gesellschaftlich vernachlässigten Themen ins Gespräch bringen.«[5]

Wo solche bisher fehlende vertrauensvolle Offenheit der Kirche für den Menschen wieder neu gesehen und anerkannt wird, kann dann auch die kirchliche Gettobildung durchbrochen und ein erweitertes und dem christlichen Glauben angemessenes Verständnis von Öffentlichkeit zurückgewonnen werden. Wo der Mensch mit seinen existentiellen Erfahrungen wieder Thema der Theologie ist, da ist dann naturgemäß die »gute Nachricht«, das Evangelium, an *alle* Menschen gerichtet und nicht nur an kirchlich sozialisierte Mitglieder der Volkskirche auf der Kirchenbank oder vor dem Fernsehschirm.

Öffentlichkeit entsteht heute nicht mehr von selbst, sie muß mit den Mitteln moderner Massenkommunikation hergestellt werden. Insofern sollte die Kirche Berührungsängste abbauen und sich der Massenmedien selbstbewußt und professionell bedienen: Nicht als Ersatz für Seelsorge, Predigt, Diakonie und andere Gemeindearbeit, sondern um diese noch wirksamer zu gestalten. Man muß nämlich bedenken, daß alle kirchlichen Aktivitäten – und mögen sie noch so »privat« erscheinen – teilhaben am »Zeitgespräch der Gesellschaft«, sich mithin ohne den meinungsbildenden Einfluß der Medien nicht voll entfalten können. Zum Beispiel wird das negative Pfarrerbild der bei kirchlichen Amtshandlungen mehr oder weniger gelangweilten Randchristen noch verstärkt durch farblose »Darsteller« des »Wort zum Sonntag«.

Daraus läßt sich folgern, daß im Zeitalter der Medien Pfarrer auch bei Amtshandlungen nicht mehr mit naiv-altertümlichem Pathos auftreten können, da ihre Zuhörer gewöhnt sind an die auf vielfältige dramaturgische Effekte hin angelegten Darstellungsformen der Medien. Dies bedeutet allerdings nicht, daß Vertreter der Kirche sich solchen Darstellungsformen unreflektiert anpassen müßten, sie sollten nur in dieser Hinsicht mehr Problembewußtsein entwickeln und verstärkt nach eigenständigen, glaubwürdigen Formen für christliche Aussagen suchen.

Dies entspricht im übrigen auch dem neutestamentlichen Verständnis von Öffentlichkeit, an die das Evangelium gerichtet war. Es wurde bereits (im Kapitel über den Gemeindebrief) erwähnt, daß der Ausdruck für Kirche (= ekklesia) dem der Volksversammlung und nicht einem der zahlreichen Ausdrücke für religiöse Kultgemeinschaften entsprach. Für Bekanntmachen und Verkündigen wurde ebenfalls ein ganz profaner Ausdruck verwendet, nämlich der für das Ausrufen einer Botschaft durch den Herold; »keryssein« hieß bekanntgeben, öffentlich ausrufen, eine Botschaft überbringen, auf dem Marktplatz etwas ausrufen und anpreisen.

Für den Inhalt der christlichen Verkündigung ist »euangelion« (= Evangelium) der klassische Begriff geworden, scheinbar *der* kirchlich geprägte Ausdruck schlechthin. Aber auch dieses Wort stammt aus dem weltlichen Bereich und bezeichnet ursprünglich die gute Nachricht im Sinne der Siegesnachricht, der Mitteilung vom Sieg in der Schlacht oder beim Wettkampf. Am stärksten geprägt wurde dieser Begriff dann vom Kaiserkult. Vom Kaiser erwartete man Glück und Heil, weil er mehr war als ein gewöhnlicher Mensch. Er galt als Heiland der Welt, er hatte Macht über Mensch und Natur, er konnte Wunder vollbringen und Menschen retten. Deshalb wurden seine Anordnungen als »frohe Botschaften« bezeichnet, seine Erlasse als heilige Schriften. Frohe Botschaft war auch die Nachricht von seiner Geburt, von seiner Mündigkeitserklärung, von seiner Thronbesteigung. Diesem religiösen Mythos und dieser Vergötzung der Macht sind die Christen entgegengetreten, indem sie sämtliche Attribute und Hoheitstitel aus dem Bereich des Kaiserkults in ihre Verkündigung von Jesus Christus übertragen haben. Herr und Gott, kyrios und theos, dominus und deus ist nicht der Cäsar, sondern der gesalbte König der Juden, der Messias. Heiland und Retter kann nicht ein Mensch sein, sondern der Gottessohn Jesus Christus. Und nur weil die Christen der ersten nachchristlichen Jahrhunderte ihren Gott als den Gott *aller* Menschen vertraten und sein Heil als allgemein gültiges Heil, wurden sie bekämpft. Ihre Aufgabe für das Ganze erfüllt die Kirche aber nur, wenn sie ihre Verkündigung nicht als (Herrschafts-)Anspruch, sondern als Auftrag und Dienst(-Bereitschaft) versteht.

Anmerkungen

1 P. M. Zulehner, Was Christen von der Kirche fernhält, in: Erfahrungen mit Randchristen, Freiburg 1985, S. 8 und 11f.
2 vgl. auch F. Schlösser, Christengemeinden und Fernstehende – eine unüberbrückbare Kluft? In: Erfahrungen mit Randchristen, S. 77ff.
3 P. M. Zulehner, a. a. O. S. 12f.
4 F. Schlösser, a. a. O. S. 79f.
5 P. M. Zulehner, a. a. O. S. 21f.